사춘기 대화의 정석

사춘기 대화의 정석

말투 하나 바꿨을 뿐인데
아이의 세상이 보이는 30가지 비밀

최인자 지음

"나는 사춘기 때
무슨 말이 듣고 싶었을까?"

알고 보니 대화의 주도권은 부모가 아닌 아이에게 있다
아이를 지지하고 믿어주는 대화법

마인드
빌딩

사춘기 위기를 성장의
기회로 만드는 부모의 지혜

사춘기, 부모는 왜 불안할까?

중2 지우의 엄마를 만난 건 부모교육 강의에서다. 그녀의 남편은 법대를 나와 판사로 일하다 최근 변호사로 개업했다. 이 과정에서 큰 지출이 있었고, 지우의 교육비도 점차 목돈이 들어가는 상황이다. 최근 그녀는 부수입을 마련하기 위해 아르바이트를 시작했다. 지우 엄마는 속마음을 털어놓았다. "지우는 정말 아무 생각이 없는 것 같아요. 요즘은 좋은 대학을 나와도 직장에서 살아남으려면 노력을 해야 하는데, 우리 아이는 도대체 뭐가 되려고 저러는지 모르겠어요. 부모가 열심히 살면 아이는 최소한 공부라도 좀 해야 하는 거 아닌가요?"

지우는 공부만 안 하는 게 아니었다. 틈만 나면 스마트폰을 들여다봤고, 번번이 학원을 빼먹었으며, 가정방문 과외 선생님이 오는 날이면 집에 없기 일쑤였다. 지우 엄마는 지우를 감시했다. 불시에 방문을 열어 스마트폰을 하는지 확인했고, 방과 후 수시로 전화를 걸어 "어디야?"라고 물었다. 제때 전화를 받지 않거나 약속시간을 어기는 날이면 잔소리를 했다. "네가 정신이 있는 애야? 도대체 왜 그래? 너 안 그러던 애잖아? 엄마 아빠 열심히 사는 거 안 보여? 뭐가 부족해? 공부만 하라는데 왜 그걸 안 해?"

지우 엄마는 아이에게 부족함 없는 환경을 만들어 주면, 아이는 공부만 하면 되는 거 아니냐고 했다. 하지만 사춘기는 그렇게 간단하지 않다. 아이들은 갑작스러운 신체 변화에 당황하고, 성적 환상과 죄책감으로 혼란을 느낀다. 또한 자아정체성 탐구와 독립성 추구, 디지털 미디어의 자극으로 집중력 분산, 뇌의 발달로 심한 감정 기복과 감정 조절의 어려움을 겪게 된다. 따라서 부모는 사춘기 특징을 이해하고, 비난을 줄이는 등의 수용과 함께 옳고 그름을 알려 주며 차츰 자율성을 키워 줘야 한다. 이것이 물리적 지원에 앞서는 정서적 지원의 핵심이다.

나는 지우 엄마에게 일주일 동안 지우와 '잔소리 없이 지내 보기'를 제안했다. 그러자 그녀는 미덥지 않다는 듯 말했다. "무슨 의도로 하는 말씀인지 알지만, 문제는 제가 불안해서요. 그러다 아예 아무것도 안 할까 봐…." 지우 엄마의 불안이 이해됐다. "음, 그렇죠! 불안할 만해요. 사실, 부모의 불안은 아이를 안전하게 키우도록 작용해요. 불안은 우리가 무엇을 원하는지 알려 줍니다. 만약 지우가 자기관리를 잘해서 제 할 일을 스스로 하고,

사춘기를 무난하게 보내고 건강하게 성장한다면 어떨 것 같으세요?" 지우 엄마는 곧바로 답했다. "그야 걱정이 없겠죠."

부모는 불안할 때 아이를 비난하는 대신 '나는 아이의 건강한 성장을 바라고, 그 점을 지원하고 싶어! 하지만 그렇지 못할까 봐 불안하구나!' 하고 자기의 내면에 주의를 기울일 필요가 있다. 그렇다고 불안이 사라지고, 아이의 말과 행동이 달라지는 건 아니다. 그럼에도 불안에 휩싸이는 것과 자신의 상태를 아는 건 차이가 크다. 지우 엄마는 남편의 이직에 따른 스트레스와 주변 사람들의 기대에 부응하려고 애쓰는 자신을 알아차렸다. 그리고 점차 자신의 스트레스와 분리해서 지우를 대하려고 노력하게 되었다.

사춘기 아이를 위해 부모에게 필요한 것

지우 엄마처럼 부모가 자신의 심리와 바람을 잘 모르거나 아이에게 정서적 지원을 할 수 없는 상황은 얼마든지 일어난다. 사춘기에 대한 이해 부족과 공부를 시켜야만 한다는 당위성, 삶의 다양한 장면에서 누적된 스트레스가 분출되기도 한다. 도대체 언제까지 사춘기인지 알 수 없다는 점도 불안을 가중시킨다. 과연 사춘기가 지나면 아이가 이전보다 성장할지에 대한 믿음도 약하다. 아이의 반항이 그간의 노고까지 부정하는 것 같아 실망하고, 낙관성이 부족하니 인내심은 쉽게 고갈된다.

　게다가 절도, 학교폭력, 자퇴, 음주와 흡연 등 아이의 일탈을 겪는 부모라면 어떨까? 나는 부모교육 강의와 블로그 비밀 댓글에서 부모들의 크고 작은 사연을 듣는다. 최근에는 부모와 몸싸움하고 집을 나간 아이와 채팅앱에서 알게 된 사람들을 만나느라 새벽에 들어오는 아이의 이야기를 들었다. 부모들은 자신의 마음을 이렇게 표현했다. "전쟁이 시작됐다. 쑥대밭이 되었다. 애간장이 녹았다. 어이가 없었다. 할 말을 잃었다. 울고불고 난리였다. 고통스러웠다. 하늘이 무너지는 줄 알았다. 화가 나고 슬펐다. 믿기지 않았다."

　프로이트의 딸이자 심리분석가인 안나 프로이트는 "오히려 도움을 받아야 할 사람은 바로 이 사춘기 아이들을 곁에서 지켜봐야 하는 부모들일지도 모른다. 사춘기에 접어들어 독립적으로 변해 가는 아이를 감내하는 시기만큼 인생에서 힘든 시기는 거의 없을 것이다."라고 했다. 당신은 이 힘든 시기를 어떻게 보내고 있는가? 많은 부모가 자신이 겪는 문제를 해결하기 위해 비슷한 사례나 공감하는 책과 사람을 찾는다. (이때 '사춘기 발달 이론'을 찾지는 않는다.) 부모는 지식이 아니라 불안이라는 강을 혼자 건너고 있지 않다는 지지와 위로가 절실하기 때문이다.

　물론 지식을 알아야 하는 순간이 있다. 그러나 우리는 곧 알게 된다. 아무리 아는 게 많아도, 얼마 가지 않아 아이와 충돌하고 지식이 쓸모없어진다는 것을 말이다. 부모에게 필요한 건 지금까지 아이를 사랑으로 키운 자신의 노고에 대한 인정, 내 아이는 잠재된 가능성이 무한하다는 믿음, 삶의 위기를 성장의 기회로 만들겠다는 의지, 힘들 때 "그 마음 나도 느껴요." 하고 공감하는 사람이다. 이렇게 이 시기를 지내다 보면 사춘기는 어느새 지나갈 것이고, 부모의 애달픔도 언젠가는 잊히거나 그 무게가 가벼워지는 날이 온다.

'교전' 지역에 누구와 함께 갈까?

내가 이 책을 쓴 이유는 당신과 나란히 걸으며 바로 그 점을 들려주기 위해서다. 당신이 지금 사춘기 아이와 갈등을 겪고 있다면, 사춘기의 끝을 볼 수는 없어도 먼저 그 길을 지나간 사람의 이야기를 들을 수는 있다. 무엇을 우선순위에 두고 행동해야 하는지, 무엇을 하면 안 되는지도 배울 수 있다. 어려움을 예측하고 완충지대를 마련할 수도 있다. 그래서 당신 한 사람을 생각하며 책을 썼다. 그 한 사람은 과거의 '나'이기도 하다. 당신은 사춘기 아이의 변화가 두렵고, 어떻게 해야 할지 몰라 걱정이 많을 것이다. 나 역시 두 아이의 사춘기가 힘에 부치는 날이 많았다.

누군가 내가 가야 할 길을 알려 주기를, 한 걸음 내딛기 두려운 이 길 끝에 무엇이 있는지 볼 수 있기를 얼마나 바랐던가. 두 아이에게 실수하고 죄책감에 잠 못 이루던 밤이 얼마나 많았는지⋯. 그때 듣고 싶었던 위로, 그때 느꼈던 심정, 그때 알고 싶었던 방법을 나누고자 한다. 정신과 교수이자 신경과학자인 레이첼 예후다는 "교전 지역에 어떤 사람과 함께 가는 편이 더 나을까? 이전에 역경을 경험해서 자기방어를 할 줄 아는 사람, 아니면 한 번도 싸워 본 적 없는 사람?"이라고 말했다.

나는 갈등과 혼란, 긴장과 어려움 많았던 사춘기 아이와의 교전에서 역경을 경험했다. 이해와 돌봄의 대상인 아이에게 고성과 비난을 퍼부으며 전쟁을 치른 날도 많았다. 부끄럽지만 그런 경험이 있었기에 다른 부모에게 공감하며 상처를 줄이는 대화법을 고민할 수 있었다. 우리 아이들의 아픔이 따랐으니 더욱 진실한 마음을 다했다. '이 또한 지나가리라'라는 말처럼, 세상에 지나가지 않는 일은 없다. 여전히 불안을 느낄 때가 있지만 아이들의 존재는 무엇과도 바꿀 수 없음을 되새기며, 부모로서 할 일을 기쁘게 하려고 한다. 지나간 자리에 상처 아닌 감사가 남도록.

『사춘기 대화의 정석』은 사춘기 아이에 대한 이해, 그리고 부모의 자기 이해와 돌봄을 이야기한다. 좋은 열매는 좋은 토양에서 나온다. 사춘기 아이가 부모와 맺는 편안한 관계는 아이의 정서조절능력을 키운다. 이는 아이가 미래를 예측하고 책임 있게 행동하며 원만한 관계를 맺는 데 밑거름이 된다. 설령 아이와 정서적인 연결이 끊어진 날이 있어도 괜찮다. 우리는 흔들리며 피는 꽃의 아름다움을 안다. 우리는 방법적으로 서툴다. 하지만 사랑에는 부족함이 없다. 흔들리더라도 사랑을 놓지 않는 우리의 노력을 스스로 지지하자.

　사춘기 위기를 성장의 기회로 삼을 수 있는 효과적인 대화 방법은 분명히 존재한다. 『사춘기 대화의 정석』에서 부모 대화의 핵심은 부모가 자신과 아이의 마음을 이해하고 '약간만' 부드럽게 말하는 것이다. 인간에게 변화란 두려움을 동반한다. 지금까지 부모밖에 모르던 아이가 자율적으로 행동하려는 모습은 부모에게 두려움을 안길 만하다. 스마트폰 등 우리를 둘러싼 인터넷 환경 역시 위험 요소가 많다. 그러니 '약간만' 부드럽게 대화하더라도 역풍에 대항할 수 있는 엄청난 진보의 걸음이라는 걸 잊지 말기 바란다.

　책의 구성은 다음과 같다. 1장은 부모가 꼭 알아야 할 사춘기 아이의 몸과 마음과 정신의 변화를 실었다. 변화의 관문을 통과해야 아이들이 성장한다. 2장은 사춘기 아이의 성장을 돕는 부모의 지혜다. 스티븐 포지스의 '다미주신경 이론'을 근거로 부모와 아이에게 필요한 신체적·정서적 안전감의 중요성을 다룬다. 이를 바탕으로 대화의 정석으로 나아간다. 3장은 아이와 소통하면서 하지 말아야 할 말과 적절한 대화를 소개한다. 아이에게 하지 말아야 할 말만 자제해도 관계의 악화를 막을 수 있다. 4장은 친구, 외모 평가, 방정리, 이성교제 등 자기관리능력과 관련된 대화 방법을 다루었다. 5장은 위기를 성장의 기회로 만드는 대화법이다. 사춘기에 드러나는 위기는 대개 어느 날 갑자기 일어나지 않는다. 이전부터 누적된 자극이 반응으로 드러나는 경우가 많다. 음주와 흡연, 절도, 학교폭력 등 위기의 순간에 지혜롭게 대처함으로써 사춘기 이후의 삶을 희망으로 변화시킬 수 있다.

헨리 나우웬은 낯선 사람의 고통에 기꺼이 함께하려는 사람은 진정 대단하다고 했다. 그런 사람들과 함께한 덕분에 힘겨운 시기를 지나올 수 있었다. 이제 과거에 받았던 도움을 당신에게 돌려주고 싶다. 덧붙여 18년 동안 몸담은 한국지역사회교육협의회 연합(KACE 연합)의 부모교육 프로그램과 존 가트맨 박사의 감정코칭, 마셜 로젠버그 박사의 비폭력 대화에서 얻은 따뜻한 소통과 연결의 지혜를 나누고자 한다. 꾸준히 마음을 공부하며 얻은 깨달음도 있다. 마침내 우리 아이들과 편안한 관계가 되기까지의 배움도 전해지기 바란다.

저자 최인자

차 례

✳ 1장 ✳

부모가 알아야 할 사춘기 아이의 변화

✳ 2장 ✳

사춘기 아이의 성장을 돕는 부모의 지혜

✳ 3장 ✳

사춘기 아이와의 소통을 위한 대화의 정석

✳ 4장 ✳

사춘기 아이의
자기관리능력을 키우기 위한 대화의 정석

✳ 5장 ✳

사춘기 위기를
성장의 기회로 만드는 대화의 정석

부모가 알아야 할
사춘기 아이의 변화

1

사춘기 아이에게
나는 어떤 부모일까?

여기, 십대 아이를 둔 부모 다섯 명이 있다. 이들은 아이가 십대가 되고부터 "요즘 아이들 사춘기는 예사롭지 않아"라는 말을 종종 들었다. 그러다 보니 자연스럽게 궁금해진다. '우리 아이는 어떤 사춘기를 보내게 될까?'

"우리 딸은 볼에 아기 때 솜털이 그대로인데, 아빠는 남자라며 자기 방에서 쫓아낼까?"
"우리 아들도 엄마가 엉덩이를 토닥이면 왜 남의 엉덩이를 만지냐며 싫어할까?"
"이성친구를 부모보다 더 좋아하게 될까?"
"설마 욕을 하고 나쁜 친구들과 어울리는 건 아니겠지?"
"사춘기 아이의 방을 '돼지우리'에 비유하는 사람도 있던데, 우리 아이 방도 그렇게 될까?"

이런 생각을 하다 보면, 어느새 마음 한편엔 하루하루 성장하는 아이에 대한 기대보다 불안과 걱정이 더 커진다. 물론 부모마다 반응이 다르다. 다음은 아이의 사춘기를 생각하는 부모의 속마음이다.

부모 A

"요즘 애들 사춘기는 예전하고 달라. 교복 입고 담배를 피우지 않나, 엉덩이 밑살이 삐져나오도록 노출이 심한 옷을 입은 여자애가 남자애랑 손잡고 다니질 않나. 우리 애는 그럴 리 없겠지만 은근히 걱정되기는 해. 미리미리 요즘 애들 사춘기 특징에 대해 알아보고 대처 방법도 배워 뒀다가 바로 적용해야겠어. 우리 애만큼은 일탈이니 방황이니 하는 일이 없게 내가 정신을 바짝 차리고 미리 교육시켜야지."

부모 B

"사춘기가 무슨 벼슬이야? 사춘기라고 부모에게 버릇없이 굴고 이상한 행동 하고 다니면 무섭게 해서라도 버릇을 고쳐 놔야 해."

부모 C

"사춘기를 잘 보내야 커서도 마음이 편할 텐데…. 우리 애가 마음 편하도록 물질적인 지원을 아낌없이 해 줘야겠어."

부모 D

"사춘기가 오더라도 나중에 다 돌아오게 돼 있어. 아이들이 알아서 철드는 날이 오더라고. 부모가 너무 유난스럽게 굴면 아이들이 더 기고만장해져서 안 돼. 그냥 지켜보는 게 좋아."

부모 E

"사춘기는 변화가 많은 시기잖아. 관심 갖고 지켜보다가 아이에게 도움이 필요할 때 엄마 아빠가 곁에 있다는 메시지를 전해야겠어. 적정선에서 지지를 보내고 시간과 에너지를 아끼지 말아야지. 쉽지는 않겠지만 부모와 대화하며 안정감을 느끼도록 열린 마음으로 소통해야겠어."

위 다섯 명의 부모는 각자 속마음이 다르다. 그에 따라 아이에게 미치는 영향이 달라지는 것은 두말할 필요도 없다. 어떤 차이가 있는지 간단히 살펴보자.

먼저 '정신을 바짝 차리고 미리 교육시키겠다'는 A부모는 아이의 사춘기를 미리 예측하고 대비하는 면이 강하다. 이런 부모는 아이에게 옳고 그름을 가르치고 보호하며, 행동의 한계를 가르칠 수 있다. 반면, 아이는 부모의 과도한 근심과 통제를 느껴 반항하거나 불안해할 수 있다.

'사춘기라고 버릇없이 굴면 고쳐 놓겠다'는 B부모는 아이에게 요구하는 기준이 분명하고 신념이 강하다. 하지만 무섭게 채

근하면 아이는 적개심 또는 무력감에 빠질 수 있다.

'물질적으로 아낌없이 지원하겠다'는 C부모의 아이는 물질적 풍요로움을 느낄 수 있을 것이다. 하지만 정서적 지원이 부족하기 때문에, 감정 조절과 절제력을 배우지 못해 자존감이 저하되거나 의존성이 커질 수 있다.

'그냥 지켜보는 게 좋다'는 D부모의 경우 부드러운 접근과 거리두기가 장점이다. 그러나 아이는 당면한 문제를 해결해야 할 때 부모의 사랑과 관심이 부족하다고 생각해 외로움과 소외감을 느낄지도 모른다. 중요한 시기에 자칫 삶의 방향성을 놓칠 수 있다.

'평상시 열린 마음으로 소통하겠다'는 E부모는 아이에게 대화로 다가가려고 하고, 편안한 가정 분위기를 만들고자 한다. 아이는 정서적 지원을 받기 때문에 안정감을 느낄 수 있다. 이런 부모는 아이를 꾸준히 관찰하고 관심을 갖기 위해 노력한다.

당신은 이중에서 어떤 마음으로 사춘기 아이를 대하고 싶은가? 이미 사춘기가 시작되었다면 어떤 마음으로 아이를 대하고 있는가? 삶은 실전이다. 아무리 많은 생각을 한다 해도 삶은 예측하지 않은 방향으로 흐르기 마련이다. 게다가 생애를 통틀어 가장 활발하게 성장하고 있는 아이가 어떻게 자랄지는 아무도 모른다. 그렇기에 더더욱 사춘기의 중요한 발달 특징을 알고 실수를 줄여 나가는 노력이 필요하다. 이어서 부모가 꼭 알아야 할 사춘기 아이의 변화에 대해 알아보고, 부모 역할을 고민해 보자.

부모가 알아야 할
사춘기 아이의 변화

"네가 도대체 생각이 있는 거니?" 부모가 아이에게 이 말을 자주 하면 그 아이는 사춘기일 확률이 높다는 말이 있다. 그만큼 사춘기 아이에게서는 이전 시기보다 미흡한 점이 많이 보인다. 몸은 어른 같은데 하는 말이나 행동은 아이 같아서, 사춘기 아이에 대한 이해가 부족하면 부모와 아이 모두 힘들 수밖에 없다. 이제부터 부모가 알아야 할 사춘기의 내적 변화 요인인 2차 성징과 호르몬 변화, 자아정체성 탐구와 뇌의 발달, 마지막으로 외부환경요인에 대해 알아보자.

몸만 커진 애어른: 2차 성징

"우리 아이 사춘기가 시작되겠구나!" 하는 가장 두드러진 증상은 2차 성징이다. 남자아이는 테스토스테론의 영향으로 근육이 단단해지고 몽정을 하며, 여자아이는 에스트로겐의 영향으로 몸매에 굴곡이 생기고 초경을 시작한다. 눈에 띄는 신체의 생물학적 변화와 함께 이성에게 호감을 가지며, 인간 진화의 산물인 짝짓기가 가능하도록 몸과 정서에 변화가 일어난다. 앳된 티를 벗고 아이는 쑥쑥 자란다. 이런 아이에게 부모가 기대하는 것은 약간의 성숙함과 의젓함이다. 그러나 몸만 컸을 뿐, 생각하는 것과 감정 표현은 아직도 어린아이 그대로일 때가 많다. 연구에 따르면 2차 성징을 일으키는 성호르몬의 분비는 공격성을 증가시킨다. 부모는 아이에게 "몸만 컸지, 아직 아이야." 같은 말을 삼가고 생명의 에너지로 성장하는 아이를 존중한다.

갈 데까지 가보자: 도파민의 쾌락 추구

2차 성징을 일으키는 성호르몬은 뇌의 보상 시스템에 영향을 미쳐 도파민 분비를 증가시킨다. 도파민의 여러 역할 가운데 가장 중요한 것은 기쁨의 감각을 만들고 동기를 부여해 집중력을 높이는 것이다. 모든 연령대에서 도파민이 분비되지만, 특히 사춘기 시기는 도파민이 최고조로 분비돼 결과에 대한 예측과 책임감 없이 즐거움을 추구하려는 경향이 높다. 블록과 공룡, 소꿉놀이와 인형으로도 재미와 즐거움을 느끼던 작은 아이는 이제 자신에게 호기심과 기쁨을 주는 일에 적극성을 띠게 된다.

특히 이 시기에 도파민은 타인의 칭찬과 관심 같은 사회적 보상에 민감해서 또래의 반응에 '그토록' 신경을 쓴다. 친구들에게 선망받는 일이라면 과하게 시도한다. 경중의 차이는 있지만 "갈 데까지 가 보자."라는 양상으로 스마트폰, 게임, 운동, 만화, 그림, 외모, 음악, 춤, 노래, 술과 담배, 절도, 폭력, 이성교제, 무리를 이루어 몰려다니는 일 등에 몰두한다.

도파민은 모험과 도전을 추구하고 창의성을 발휘하는 데도 관여한다. 그러므로 아이가 건전하고 안전한 자극을 추구하도록 부모는 아이에게 본인의 경험이나 도서, 캠핑이나 여행, 클라이밍이나 수상스포츠와 같은 다양한 운동 등의 정보를 공유하면 좋다. 또한 "네 즐거움을 위해 자신과 타인의 몸과 마음에 해를 입히는 말과 행동을 하면 안 되는 거야."라고 분명한 한계를 알려 준다.

나는 누구인가?: 자아정체성 탐구

사춘기는 '나는 누구인가?'에 대한 자아정체성 탐구가 시작되는 시기다. 2차 성징으로 아이의 몸에서 벗어난 신체와 풍부해진 감정, 증대되는 사고 기능은 자신이 누구인지에 대한 답을 갈구하게 만든다. 자아정체성 탐구는 개인이 자신의 고유한 특성, 가치, 신념, 목표 등을 이해하고 받아들이는 과정이다. '나는 다른 친구들과 어떻게 다르지? 내가 잘하는 것은 뭐지? 나는 어떤 사람이지?'라는 의문을 갖는 것이 곧 자아정체성을 찾는 과정이다.

자아정체성은 자신의 삶을 주도적으로 이끌어 가는 데 기초가 되며, 사춘기 이후에도 계속된다. 사춘기 아이는 뭐든 혼자 알아서 할 것처럼 "알아서 할게."라고 하다가도, 금세 태도를 바꿔 "엄마가 해줘."라고 의존한다. 이때 부모는 "왜, 네가 알아서 한다며?"라고 대응하기보다는 "네가 알아서 해 보려는 시도가 참 좋았어. 하지만 힘들 땐 엄마(아빠)도 도울게."라고 말한다. 독립과 의존 사이에서 갈팡질팡하는 아이가 독립된 개체로 성장해 나갈 수 있도록 여유를 갖고 너그럽게 대하는 것이 좋다.

"네가 제정신이니?": 뇌의 발달

사춘기 시기에 가장 두드러진 뇌 발달 특징은 편도체의 활성화와 전두엽의 미성숙이다. 먼저 편도체의 활성화는 활발한 감정 분화를 나타낸다. "화났어", "짜증나", "미워", "좋아" 등의 단순한 감정 표현에서 벗어나 희로애락애오욕의 다양한 감정을 일으키고 폭과 깊이를 더한다.

사춘기 아이는 주변 사람의 관심과 인정에 따라 긍정과 부정의 감정을 오간다. 자신이 기대하는 만큼 관심과 인정을 받지 못하면 정서적으로 불안해지고, 슬픔과 외로움, 걱정과 두려움 등의 감정을 크고 깊게 느낀다. 십대의 편도체는 "밥은 먹었니?" 라고 묻는 중립적인 부모의 말이나 무표정도 부정적으로 인식 한다. 그렇기 때문에 "클수록 어른한테 버릇이 없어."와 같은 판 단과 한숨, 날카로운 눈빛과 비난을 주의한다. 중립적 자극도 부 정적으로 인식하는 십대의 편도체는 부모의 의도적인 거친 말 투와 행동에 발끈한다.

다음은 전두엽의 미성숙이다. 전두엽을 한마디로 정의하면 '인간을 인간답게 하는 곳'이다. 전두엽은 편도체에서 촉발된 감 정을 조절하여 자기 통제력을 발휘하며, 미래 계획을 세워 상황 을 예측하고, 판단과 추론을 통해 좀 더 어려운 학문을 이해하고 탐구할 수 있게 한다.

그러나 사춘기 아이는 전두엽이 미성숙하다. 그 이유는 전 두엽이 폭발적으로 성장 중이기 때문이다. 사춘기의 전두엽 발 달은 왕복 2차선 도로를 16차선으로 늘리는 것에 비유할 만한 대대적인 리모델링 공사다. 더 훌륭한 뇌를 갖기 위한 공사이지 만, 표면적으로는 사고력과 판단력, 감정조절과 계획 세우기 등 부모가 중요하게 여기는 부분에서 미숙함이 드러나 부모는 속 이 끓는다. 아이의 전두엽 기능이 발휘될 수 있으려면 아이의 미 래를 낙관하고 감정을 조절하는 부모의 지혜가 필요하다. 자세 한 내용은 다음 2장에서 다룬다.

부모는 경험한 적 없는 요즘 아이의 세계: 외부환경

사춘기 아이의 내적 변화 요인 못지않게 부모가 놓치지 말아야 할 것은 아이를 둘러싼 환경이다. 여기에는 가족, 학교, 사회가 있다. 각각의 환경은 긍정과 부정의 기능이 존재한다. 가정에서 부모의 보호와 지지는 아이에게 안전과 행동의 한계를 알려 줄 수 있는 반면, 지나친 기대와 압박, 부부의 불화는 큰 스트레스를 준다. 학교 내 교사와 또래는 지식 습득, 사회적 기술 발달, 도덕적 가치 형성에 중요한 역할을 하지만, 교사와의 갈등과 또래 간 경쟁이나 따돌림 등은 정서적 불안과 고립을 초래한다.

사회적 환경은 특히 디지털 원주민으로 태어나 사이버 세상을 살아간다는 특징을 들 수 있다. 인터넷을 통해 세계 각처의 다양한 경험과 정보를 쉽고 빠르게 접할 수 있지만, 그 이면에는 무분별한 소비의 부추김과 게임과 도박, 성적 자극이 범람한다. 갈수록 발달하는 소셜미디어(SNS)의 영향으로 사회적 비교에서 오는 상대적 박탈감, 정보의 과부하와 주의력 분산, 사이버 괴롭힘 등도 도사리고 있다. 부모는 세상의 위험으로부터 아이를 지키는 안전기지가 되어, 아이가 옳고 그름을 분별할 수 있도록 해야 한다.

우리 아이는 어디로 갔나요?: 사춘기 증상

사춘기의 내적 변화 요인과 아이를 둘러싼 환경은 각각 상호작용하여 아이의 성장에 밑거름이 되기도 하고, 여러 원인이 겹쳐 크고 작은 문제 상황으로 나타나기도 한다. 다음 부모들의 말이 이를 증명한다.

"곧잘 하던 공부도 손을 놓고 온종일 스마트폰만 들여다봐요."
"온라인 쇼핑은 물론이고, 중고마켓에서 물건을 사고파느라 잠을 안 자요."
"먹방 유튜브를 보고 몰래 음식을 배달시켜서 혼자 먹어요."
"친구랑 싸웠다며 며칠째 울고 다녀요."
"아이 옷장에서 빈 맥주캔이 우르르 쏟아져 나와서 기절하는 줄 알았어요."
"우리 아이 카톡에서 친구들에게 불법 영상물을 보내 달라고 한 문자를 봤어요."
"아들이 남편과 몸싸움하다 가출해서 일주일 만에 돌아왔어요."
"방금까지 웃으며 이야기하다 '왜 비웃어?'라며 혼자 화를 내요."
"왜 자기를 사랑하지 않냐며 갑자기 울어요."
"아이 몸에서 담배 냄새가 나요."
"아이 가방에서 콘돔이 나왔어요."
"목소리도 이상하게 변했는데, 이상한 논리로 말이 많아요."

"아이가 제게 욕을 하더라고요. 제지하다가 몸싸움을 했고, 그러다 손목에 금이 갔어요."

"말만 하면 아이와 싸워요. 그냥 말이 안 통해요."

"영하의 날씨에 교복 와이셔츠만 입고 돌아다녀요."

"저를 아동학대범이라며 경찰에 신고했어요. 진짜 아이와 인연을 끊고 싶어요."

이와 같은 사춘기의 다양한 증상이 아이 삶의 걸림돌이 될 것인가, 성장의 디딤돌이 될 것인가는 아이의 전두엽과 사회참여체계의 신경계에 달렸다. 다음 장에서는 사춘기 아이의 성장을 돕는 부모의 역할에 대해서 알아본다.

2장

사춘기 아이의
성장을 돕는 부모의 지혜

1

백 마디 훈육보다
중요한 이것!

미성숙한 사춘기 아이의 전두엽 발달을 돕는 방법은 무엇일까? 청소년 연구의 세계적인 권위자이자 발달심리학 교수인 로렌스 스타인버그는 저서 『위기와 기회 사이』에서 16살 청소년과 성인을 대상으로 한 연구를 소개했다. 같은 조건에서 청소년과 성인의 과제 수행 능력을 비교했는데, 결과적으로 두 집단 간 차이가 없었다. 일부는 청소년이 어른보다 더 잘하기도 했다. 여기서 '같은 조건'이 중요하다. 같은 조건이란 아이의 주의를 산만하게 하는 요인과 강한 감정의 동요가 없는 상태를 말한다. 청소년의 전두엽은 화나 흥분, 피로를 느낄 때 성인보다 더 취약해지므로, 이 부분이 안정될 때 제 기능을 할 수 있었다.

관건은 정서적 안정에 있다. 정서적 안정이란 생존의 위협과 위험이 없고, 스트레스가 있더라도 조절이 가능한 상태를 말한다. 이것이 아이의 자기관리와 대인관계 능력에 관여하는 전두엽 발달에 얼마나 중요한지 '다미주신경 이론'을 체계화한 미국의 심리학자이자 신경과학자인 스티븐 포지스의 연구로 알 수 있다. 포지스는 그의 저서 『다미주 이론』에서 "사회적 행동과 정서 조절을 지지하는 신경회로들은 신경계가 환경을 안전하다고 여길 때만 사용되며, 그 회로들이 건강과 성장과 회복에 관여한다."라고 했다. 즉, 인간은 신경계가 환경을 안전하다고 여길 때라야만 새로운 것을 배우고 실행하며, 창의력과 문제대처능력을 발휘하고, 정서적인 유대감 속에 대인과 협력하고 원만한 관계를 맺을 수 있다.

다미주신경은 인간 진화의 산물로 뇌와 장기를 연결하는 미주신경이다. 인간의 신경계는 감각을 통해 무의식적으로 위험을 감지하여 생존에 안전한지, 위험한지, 생명에 위협이 있는지에 따라 몸과 마음이 반응한다. 안전할 때는 사회참여체계로 친사회적 행동을 하는 배쪽 미주신경, 위험할 때는 가동화되어 공격 또는 도망가는 교감신경, 목숨의 위협을 느낄 때는 부동화되어 얼어붙는 등쪽 미주신경이 그 핵심이다. 다시 말해, 우리 몸은 안전하지 않을 때 생존을 위해 공격하거나 도망가거나 얼어붙는다.

학교에서 돌아온 아이를 예로 들어보자. 아이의 신경계는 무의식적으로 집안 분위기를 감지한다. 안전한가? 위험한가? 위협적인가? "어서 와." 하고 반겨 주는 부모의 따뜻한 눈빛과 부드러운 어조는 아이의 사회참여체계의 신경계를 활성화해 신체의 안전과 정서의 안정감을 준다. 반대로 "왜 이렇게 늦게 돌아다녀?" 같은 부모의 거친 말투와 사나운 표정은 아이의 신경계를 위험한 상황으로 빠뜨려 방어 전략이 가동된다. 아이는 "어쩌라고?!"라며 대들거나, 주눅이 들어 말없이 자기 방으로 들어가 문을 닫게 될 수도 있다. 자신의 힘으로 벗어날 수 없는 절망적인 날들이 계속된다면 무기력하고 멍한 상태가 된다. 이것은 아이의 의도가 아니라 생존을 위한 신경계 반응이다.

이번에는 입장을 바꾸어 당신이 어느 모임에 갔다고 가정해보자. 반갑게 환영받을 때와 홀대받을 때 몸과 마음은 달라진다. 환영받을 때는 몸이 이완되고 편안한 미소가 나온다. 다른 사람의 말이 잘 들리고, 부드러운 시선으로 상대를 바라볼 수 있다. 그러다 누군가의 비난을 듣고 위험을 느끼면 공격하거나 피하고 싶어진다. 만약 사람들이 당신에게 눈길도 주지 않고, 친밀하게 다가오는 사람 하나 없다면 어떨까. 사람들과 연결되기를 바라는 만큼 당신의 몸은 경직되고 심장은 쪼그라든다. 중요한 모임이라면 수치심이 일고 '역시 나는 좋은 사람이 아니야.'라며 스스로를 비하한다. 당신을 함부로 하는 환경에서 사회참여체계는 작동하지 않는다. 나는 그런 경험이 있기에 지금 생각하는 것만으로도 아랫배가 딱딱하게 굳는 것 같다.

이러한 연구는 부모의 역할을 말해 준다. 바로 사춘기 아이가 느끼는 위험이나 위협을 제거하거나 보호하여 아이의 신체적 안전과 정서적 안정감을 제공하는 것이다. 사춘기 아이에게 찾아온 급작스러운 신체적 변화, 들쭉날쭉한 감정, 타인에게 어떤 사람으로 비춰질까에 대한 고민, 미래에 대한 불안 등은 스트레스다. 스트레스 그 자체가 위험 요인이 되는 것은 아니다. 위안을 얻는 자기조절 방법을 아느냐 모르느냐, 상호조절이 가능하도록 지지를 보내 주는 대상이 있느냐 없느냐에 따라 위험도가 달라진다.

아이가 불안할 때 가장 믿고 의지하고 싶어 하는 사람은 누구인가. 바로 부모다. 부모는 아이에게 자기조절과 상호조절이 가능하도록 안전한 환경이 되는 사람이다. 부모의 부드러운 시선과 다정한 말투, 공감적 경청은 백 마디 말의 훈육보다 아이의 정서를 훨씬 안정감 있게 만들어 전두엽이 제 기능을 할 수 있게 한다.

안타깝게도 부모가 아이를 위험에 빠뜨리는 예가 적지 않다. 아이를 향한 불신, 지나친 통제와 억압, 방임과 무관심, 소통 단절과 일방적 지시, 과도한 기대, 무리한 공부 스트레스, 아이의 감정을 무시하는 옳은 말 등이 그러한 예다. 아이는 이런 자극을 위험 또는 위협으로 느끼고 공격하거나 도망가거나 얼어붙는다. 이러한 양상에서 부모에게 대들며 욕을 하거나 밀치기도 하며, 아예 대꾸를 안 하는 일들이 생긴다. 심한 경우 자신을 때린 부모를 경찰에 신고하거나 가출을 감행한다.

문제는 여기서 끝나지 않는다. 아이는 발달과업에서 생기는 불안과 긴장, 부모에게 수용받지 못한 수치심과 두려움에 대처하기 위해 특정한 방식을 발달시킨다. 계속 미루기, 자기 뜻대로 하기 위해 떼쓰기 또는 자기주장 하지 않기, 다른 사람 기분 맞추기, 강박적인 효율과 완벽을 추구한다. 그리고 안전하고 안정감을 주는 대상과 환경을 찾아 방황한다. 그 대상이 운 좋게 도서관의 양서일 수도 있고, 성숙한 인격을 소유한 선생님일 수도 있다. 하지만 대체로는 큰 노력을 기울이지 않아도 되는 술과 담배, 약물을 함께 하는 무리, 스마트폰, 부적절한 이성관계 등이 그 자리를 차지한다.

부모는 자신의 신경계 반응을 살피고, 자신의 말과 행동이 아이에게 어떤 영향을 미칠지 주의를 기울이는 것이 모두의 성장에 중요하다.

2

부정적 감정의
소용돌이를 자각하라

그럼, 아이에게 위험이나 위협을 느끼게 하는 부모는 과연 나쁜 사람일까? 그렇지 않다. 아이를 사랑하지 않아서일까? 그 역시 아니다. 신경계는 생존을 위한 전략이다. 부모는 지금까지 위험한 상황에서 자신을 보호하며 살아왔다. 어쩌면 당신이 친사회적 행동보다 공격 또는 회피하는 전략을 사용한 것이 살아남는 데 더 적응적이었을지 모른다. 그래서 사랑하는 아이의 신경계를 위험에 빠뜨리는 줄도 모르고 (무의식적으로) 자신의 생존 방법을 아이에게 알리고 싶은 절박함으로 양육했을지도 모른다.

부모는 이와 같은 자신의 신경계 반응을 인정하고 자부심을 가질 필요가 있다. 비록 방법은 미흡했을지 몰라도 적응 반응으로 생존했고, 지금 존재하고 있기 때문이다. 스티븐 포지스는 어떤 경우에도 나쁜 반응은 없다고 말한다. 신경계는 오직 우리가 생존할 수 있도록 최선을 다할 뿐이므로, 신경계가 하는 일을 존중해야 한다. 우리의 반응을 존중할 때 좋고 나쁨을 평가하는 상태에서 벗어나 자신을 더 존중할 수 있고 선순환을 시작할 수 있다.

나는 다미주신경 이론을 통해 나의 신경계를 이해할 수 있었다. 공격하거나 도망가는 방식 아니면 얼어붙는 나의 신경계를 알게 되면서 지나온 삶에 경의를 갖게 되었다. 포지스의 말을 빌려, 힘든 역경에도 모성의 불을 지피며 하루 또 하루 애써 온 그간의 노고를 내가 인정할 수 있었다. 우리 아이들 역시 부모의 말을 안 듣는 것이 아니라 생존을 위해 신경계가 반응한다는 것을 알았다. 스스로에게 그랬듯 아이들에게도 연민이 생겼다. 그러므로 선순환을 위한 변화의 시작은 내가 시작해야 하는 것이었다.

당신도 아픔이 있었을 것이고, 힘든 경험이 많았을 것이다. 그럼에도 아이를 위해 무엇을 더 할 수 있을지 고민했을 것이다. 그 노고를 스스로 인정하고 자부심을 갖기 바란다. 그리고 당신의 노고가 헛되지 않기를 바란다.

그러려면 부모는 부정적 감정의 소용돌이에 대한 자각이 앞서야 한다. 부정적 감정의 소용돌이란 분노, 슬픔, 불안, 좌절 등의 감정이 한꺼번에 휘몰아쳐 정신과 마음이 혼란에 빠진 상태를 말한다. 이는 위험에 처한 신경계의 반응으로 일어난다. 예측한 대로 상황이 흘러가지 않거나 자신의 신념이 도전받을 때, 과도한 업무와 뜻대로 되지 않는 인간관계, 과거의 부정적 경험의 재현과 지지그룹의 부재 등이 원인이 되어 발생한다. 아이가 할 일을 자꾸 미루고 부모 눈을 피해 스마트폰을 하는 상황을 생각해 보자. 어떤 부모는 짧고 부드럽게 훈육하고 넘어가지만, 어떤 부모는 그렇지 않다.

자신의 바람과는 거리가 먼 이 상황에서 "학생은 성실해야 한다. 아이는 부모의 눈을 속여서는 안 된다." 같은 당위적 생각까지 올라오면 주먹에 힘이 들어가고 심장박동이 빨라지며, 심할 때는 뚜껑이 열리는 것 같은 화를 느낀다. "할 일 하라고 했지!" 하고 고함을 쳐도 아이는 부모의 말을 큰소리로 맞받아치기 때문에 전쟁이 따로 없다. 부모와 아이 모두 위험을 느껴 악순환에 빠진다. 부모는 상황을 통제하고 싶은 욕구를 강하게 느끼거나, 먹이고 입히는 등의 돌봄마저 팽개친다. 이때 부모가 자신의 감정을 자각하게 된다면 반복적인 패턴으로 빈번하게 일어나는 부정적 감정의 소용돌이를 줄일 수 있다.

당신을 부정적 감정의 소용돌이에 빠뜨리는 것은 무엇인가? 제 멋대로 행동하는 듯한 아이를 보면 걱정과 불안에 휩싸이는가? 아이를 통제하지 못해 잘못될까 두려운가? 아이에게 잘하고 싶지만 힘들게만 한 것 같아 죄책감이 드는가? 더 이상 무엇을 해야 할지 몰라 무력해지는가? 왜 항상 나만 노력해야 하는지 알 수 없어 억울한가? 당신도 때론 누군가의 돌봄이 절실한데 그것을 충족할 수 없어 슬프고 외로운가? 다른 사람들은 아이를 잘 키우는 것 같은데 나만 잘못하고 있는 것 같아 수치심이 드는가?

이런 감정은 당신만 느끼는 게 아니다. 많은 사람이 자신이 느끼는 감정의 이름조차 모르고 조절능력을 배우지 못한 채 부모가 된다. 그럼에도 주어진 환경에서 최선을 다한 부모라면 누구든 느낄 수 있는 감정이다. 특히 부모는 아이를 향한 끊임없는 돌봄의 욕구가 있다. 당신도 아이와 따뜻한 감정적 연결을 얼마나 바라는가! 마음처럼 되지 않는 자신을 얼마나 원망하는가! 뼛속 깊이 사회적 존재로 진화한 인간은 끊임없이 감정적 연결과 정서적 안정을 추구한다. 그러니 괜찮다. 당신의 부정적 감정의 소용돌이는 당신이 나쁜 부모여서가 아니라, 힘든 여건임에도 아이와 감정적으로 연결되기를 간절히 바라는 마음의 표현이다. 당신에게 부정적 감정의 소용돌이가 일면, 신경계의 반응임을 알고 다음과 같이 수용한다.

"나는 '제멋대로' 행동하는 듯한 아이를 보면 걱정돼."

"내가 아이를 통제하지 못하면 나와 아이, 우리 가족 모두가 잘못될까 두려워."

"아이에게 잘하고 싶지만 힘들게만 한 것 같아 마음이 아파."

"더 이상 무엇을 더 노력해야 할지 알 수 없어 지쳐."

"왜 항상 나만 노력해야 하는지 억울해."

"나도 누군가의 돌봄이 절실한데 그것을 충족할 수 없어 슬퍼."

"다른 사람들은 아이를 잘 키우는 것 같은데 나만 못하는 것 같아 불안해."

솔직한 자신의 감정 표현과 수용은 신경계를 안정화하므로, 전두엽이 깨어나 부정적 감정을 분리할 수 있다. 물론 이것으로 아이를 나쁘게 느끼고, 자신마저 나쁜 부모로 여기는 감정을 말끔히 잠재울 순 없다. 신경계의 근본적인 변화를 일으키는 데도 충분하지 않다. 그러나 자각은 중요한 출발점이다. 자각을 시작으로, 그동안 위험에 대처하느라 빠져 있었던 사회연결체계의 신경계를 돌보자. 신경계를 돌본다는 것은 자신의 마음을 돌보고, 감정을 돌보고, 몸을 돌보는 것이다. 이런 의도로 자신의 노고를 다음과 같이 인정하고 수용한다. "나는 힘든 시기를 지나왔고 지금도 불안과 걱정을 느끼지만, 아이와 연결되고 아이의 성장을 간절히 바라는 사랑이 많은 사람이구나!"

부모라는 '저수지'에 물이 차 있어야 아이라는 '논'에 필요한 생명수를 공급할 수 있다. 근본적으로 부모의 신경계가 안전을 느끼면 표면적으로 애쓰지 않아도 아이와 안전한 관계 맺기가 가능하다. 아이에게 부드러운 표정과 다정한 태도로 다가가고, 아이 말을 경청하고 공감할 수 있으며, 실수에 아량을 갖고 응원할 수 있다. 사랑이 폭력이 되지 않도록 하고, 아이에게 안전한 환경이 되어 정서적 안정을 제공할 수 있다.

좋은 소식은 감정조절 방법을 모르고 부모가 되었더라도 배쪽 미주신경을 강화하여 감정과 반응을 조절할 수 있다는 것이다. 이어지는 페이지에서 이에 관여하는 인내의 창과 이완반응에 대해 알아보자.

3

부모의
'인내의 창'을 넓혀라

　나의 이야기다. 두 아이가 중고등학생으로 한창 사춘기일 때, 우리 엄마는 19년간 정신질환을 앓다 심장마비로 세상을 떠났다. 아버지는 3년 뒤 암으로 엄마를 따라갔고, 같은 해에 시어머님이, 다음 해에는 오빠와 아주버님이 세상을 떠났다. 비슷한 시기에 친한 친구 두 명이 각기 암과 간질환으로 세상과 작별했다. 남편은 첫 직장에서 명예퇴직을 당하고 이전보다 작은 회사로 이직했고, 그때부터 10년간 주말부부로 지냈다. 내적으로 외적으로 스트레스가 이만저만이 아니었다.

　현대인과 스트레스는 떼려야 뗄 수 없는 관계다. 중년의 부모는 아이 교육비 마련은 물론, 가정의 경제적 기반을 다져야 하는 압박을 받는 동시에 사회적으로 생산성을 요구받는다. 내가 경험한 바와 같이 양가의 노쇠한 부모를 돌보거나 임종을 맞기도 한다. 당신은 부모이기도 하지만 아들과 딸로, 사위와 며느리로, 남편과 아내로, 아빠와 엄마로, 직장과 가정에서 맡은 역할과 할 일이 많다. 미국의 정신의학자 에릭 번은 인간은 태어나 죽을 때까지 두 가지 숙명을 안고 산다고 했다. 일과 관계가 그 것이다. 이때 따라오는 스트레스 역시 숙명이다.

바다를 항해하는 선장은 바람이 부는 때와 강도를 조절할 수 없다. 삶의 스트레스도 그렇다. 돛을 조절하여 항해를 계속 이어 가는 선장처럼, 감정을 조절하여 삶을 이어 가는 것이 우리가 할 수 있는 일이다. 감정조절을 위한 기반은 부정적 감정의 소용돌이를 일으키는 스트레스를 알아차리는 일에서부터 시작한다. 나는 스트레스를 억누르거나 무시하곤 했다. '이 정도는 다른 사람에 비하면 별일 아니야.' 또는 '잊자. 잊어버리자.' 하는 식으로 말이다. 힘든 내 모습을 누군가 알면 나를 무능한 사람으로 볼까 봐 괜찮은 척 연기했다. 그것이 더 큰 스트레스를 유발한다는 사실도 모른 채.

조절되지 않은 스트레스는 얼어붙은 겨울눈이 햇살에 녹는 것처럼 저절로 사라지는 것이 아니다. 스트레스를 받을 때 우리 몸은 교감신경계가 가동화되어 '투쟁-도피' 반응을 나타낸다. 누적된 스트레스는 무기력과 우울, 건강상의 문제를 일으키기도 한다. 연구에 따르면, 스트레스를 받을 때 우리 몸은 아드레날린과 코르티솔이 분비돼 호흡이 빨라지고, 맥박과 혈압이 올라간다. 이런 상태가 장기적으로 지속되면 스트레스 호르몬이 혈류를 타고 뇌까지 이르면서 기억력과 집중력이 저하된다.

심장과 뇌의 질환에 취약해지는가 하면, 복부에 지방이 축적되고 노화를 앞당기는 원인이 된다.

스트레스로 인간관계 역시 상처로 얼룩진다. 면역력이 떨어지면 취약한 부분에 염증이 생긴다. 나는 누적된 스트레스를 곪은 염증처럼 아이들에게 터트리곤 했다. 소리 지르고 울고 때리고 노려보고, 무언가를 내동댕이치고 싶은 충동과 혼자 버려진 기분에 쉽게 휩싸였다. 이를 악물고 아이들에게 화내지 않겠다고 다짐해도 소용없었다. 때론 아이들이 "엄마" 하고 불러도 무감각하게 대응하고, 아무 일 없는 날에도 주르르 눈물이 났다. 몸의 증상마저 겹쳐서 위궤양과 빈혈, 불면증과 두통이 지속되는가 하면, 아무 때나 심장이 제멋대로 뛰었다.

이들 모두 '인내의 창(Window of tolerance)'의 범위를 넘어선 반응들이다. 인내의 창은 미국의 저명한 정신과 의사이자 신경과학자인 다니엘 시겔이 만든 개념으로, 다양한 강도의 감정적, 생리적 각성이 최적으로 통합되는 영역이다. 스트레스가 가득하던 시절, 내가 만약 최적의 각성상태인 인내의 창에 있었다면 어땠을까. 그랬다면 내 의도와 다르게 펼쳐지는 주변 상황을 넓은 시야로 유연하게 바라보았을 것이다. 아픈 내 몸과 마음의 소리를 차단하지 않고 잘 먹고, 잘 자고, 적절히 휴식하는 방법을 찾았을 것이다. 아이들이 도움을 요청하는 사인도 놓치지 않았을 것이다.

스트레스 상황에서는 그것에서 벗어나기 위해 문제에 초점을 두므로 시야가 좁아진다. 열린 창문이 있는데도 닫힌 창문을 들이받는 파리처럼, 두려움에 빠져 한 방향만 고집한다. 인내의 창 안에서는 배쪽 미주신경의 사회적 연결 반응으로 스트레스 상황에서도 생산성을 발휘하고, 사람들과 원만한 팀워크를 이룰 수 있으며, 아이들에게 후회할 만한 말과 행동을 덜할 수 있다.

부모는 어떻게 인내의 창을 넓힐 수 있을까? 이에 대한 해답 중 하나는, 하버드 의과대학 교수이자 마음-몸 의학의 선구자인 허버트 벤슨 박사가 저술한 '이완반응'에서 찾을 수 있다. 사람은 스트레스에 '투쟁-도피' 반응만 하는 것이 아니다. 우리는 인류의 선조가 물려준 이완반응으로 불안과 긴장을 조절하고 생리적 평온함을 유지할 수 있다. 이완반응이란 스트레스 상황에서 발생하는 자동적인 신체 반응을 넘어서, 우리의 감정과 생리적 상태를 조절하는 방법을 말한다. 명상, 깊은 호흡, 기도, 걷기, 요가 등은 이완반응을 이끄는 데 효과적이며 인내의 창을 점진적으로 확장하고 그 상태에 머물 수 있게 도움을 준다. 허버트 벤슨이 직접 사용한 기법을 소개하면 다음과 같다.

1. 주의를 모을 수 있는 하나의 집중용 단어, 소리, 구절, 기도문을 선택한다.
2. 편안한 자세로 조용히 앉는다.
3. 눈을 감는다.

4. 발에서부터 시작하여, 종아리, 허벅지, 복부, 어깨, 머리, 목의 근육을 차례로 이완시켜 준다.

5. 서서히 자연스럽게 숨을 쉬고, 숨을 내쉴 때마다 당신이 선택한 집중용 단어, 소리, 구절, 기도문을 조용히 읊조린다.

6. 수용적 태도를 취한다. '내가 얼마나 잘하고 있는지'에 개의치 않는다. 잡념이 떠오르면 대수롭지 않게 "음, 됐어." 라고 중얼거린 후 5번 과정으로 돌아간다.

7. 10~20분 동안 계속한다.

8. 곧바로 일어서지 말고, 1분쯤 조용히 앉은 상태에서 잡념이 떠오르도록 내버려 둔다. 그 다음 눈을 뜨고, 1분 동안 더 앉아 있다가 일어난다.

9. 하루 1~2회 수행한다. 적절한 시간은 아침 또는 저녁을 먹기 전이다.

이완반응을 유도할 때 주의를 모으는 단어로 '사랑', '감사', '하늘'도 괜찮고, 중립적인 단어 '하나' 또는 '지금 여기'도 괜찮다. 종교를 가진 사람은 '주님', '자비', '평화'와 같은 단어도 좋다. 가령 '사랑'이라는 단어를 선택했다면 천천히 숨을 마시고, 내쉬는 숨에 '사랑'을 마음속으로 또는 입 밖으로 되뇐다. 처음 시작은 1~2분 정도에서 부담 없이 하고 점차 시간을 늘려 꾸준히 한다. 벤슨은 확신에 찬 어조로 이완반응이 없으면 균형 잡힌 심리상태를 유지하지 못할 것이라고 말한다.

당신의 하루는 어떤가? 당신을 둘러싼 환경은 안전한가? 불안과 걱정 가운데 공격 또는 도망 방식으로 일상을 보내고 있지는 않은가? 무기력에 우울하지는 않은가? 그럴 때 감정조절이 가능한 방법을 알고 있는가? 나에게 이완반응은 응급 심폐 소생술과도 같았다. 극심한 스트레스 상황에서 감정 조절이 안 돼 자괴감과 죄책감에 시달릴 때 숨통을 터주는 생명줄이었다. 나는 이완반응을 하면 좋고 안 해도 그만이어서가 아니라 살기 위해 했다. 무엇보다 매일 사춘기 아이들과 마주해야 할 때 사방에서 밀려오는 감정의 파고는 정말 두려웠으니 말이다.

지금은 부정적 감정과 생각으로 판단력이 흐려질 때마다 의도적으로 이완반응을 유도한다. 아이들 양육에서 힘든 도전을 만날 때나 일과 인간관계가 힘들 때도 그렇다. 유능한 선장은 풍랑을 두려워하지 않는다. 스트레스 자극이 많아도 내적으로 두려움 없이 평안할 수 있다면 얼마나 든든하겠는가.

나는 여전히 삶의 풍랑이 두렵고 스트레스 앞에서 쉽게 무너진다. 그럼에도 언제라도 찾아갈 고향집이 있는 것처럼 마음 한구석이 든든하다. 이완반응이라는 내적 자원이 내 안에 있음을 믿기 때문이다. 이완반응은 몇 년 이상의 수련을 거쳐야 하는 건 아니다. 방법이 간단하며 비용이 들지 않고, 부작용이 없다. 이완된 신체가 심장박동에 영향을 주고 우리의 정서에 긍정적 영향을 미치는 것은 이미 과학적으로 검증된 바이다. 부모가 인내의 창을 넓히는 데 활용하지 않을 이유가 없다.

4

부모가 사춘기 아이의
방탄막이 되는 방법

다시, 나와 사춘기 두 아이가 격돌했던 때의 일이다. 어느 날부터인가 아이들은 아침에 못 일어나 지각하기 일쑤였고, 눈에 띄게 공부를 안 하고, '나쁜' 친구들과 어울리며 '못된' 짓을 하고 다녔다. 사춘기 아이들이 드러내는 증상은 부모의 이해와 돌봄이 필요하다는 신호다. 나는 이런 인식은커녕 잘못된 행동에만 주목해 아이들을 나무라기에 급급했다. 말로 안 되면 때려서라도 아이가 잘못을 깨우치게 하고 싶었다. 그러나 아이들은 노골적으로 듣기 싫다는 티를 내거나 말로만 "알아서 할게."라고할 뿐 같은 행동을 반복했다. 때로는 삐딱한 자세로 나를 쏘아보고 욕과 비속어를 쓰는 날도 있었다.

제니스 캐플런은 '내 삶은 왜 항상 힘들기만 할까?'라는 질문을 품고 1년 동안 감사 일기를 쓰면서 겪은 긍정적인 변화를 『감사하면 달라지는 것들』이라는 책으로 펴냈다. 그녀는 깨달았다. '감정은 실제 일어난 일보다 그 일을 바라보는 시각과 태도에 따라 달라진다'는 것을. 그리고 다음과 같은 뇌의 연구 결과를 인용했다. "무슨 일이든 두뇌를 자주 쓰게 되면 두뇌는 그 일에 아주 능통해져요. 자주 감사하면 긍정적인 기분이 형성되면서 뇌 경로가 강화되어 다시 더 긍정적인 기분이 생겨나는 거예요. 감사는 마음을 긍정적인 상태로 만들어 주는 일종의 정신 훈련으로 생각하면 됩니다."

나는 항상 이런 생각을 했다. '나는 아이들을 위해 노력하지만, 우리 아이들은 힘들고 유별나서 나를 힘들게 해.' 감사 일기를 쓰기로 마음먹은 것은 이런 생각에서 비롯되는 고통스러운 감정을 전환하고 싶어서였다. 캐플런처럼 나 역시 '내 삶은 왜 항상 힘들기만 할까?' 하고 회의감을 갖곤 했기에, 감사 일기가 도움이 되기를 바랐다. 한편 의심도 들었다. 그렇다면 써 보면 알 일이었다. 감사 일기를 쓰는 방법은 간단하다. 아침 또는 저녁 중 시간을 정해 3개월 이상 꾸준히 감사한 일 세 가지를 노트에 적는다. 나는 되도록 잠자기 전에 감사 일기를 썼다.

감사 일기의 첫 시작은 일상을 긍정적인 시각으로 바라보는 것이다. 감사 일기를 쓰자 이전에는 몰랐던 감사할 일들이 참 많았다. 가족의 건강과 맛있는 음식들, 신체적 자유로움과 계절의 변화 등 모든 게 감사했다. 그러나 며칠 지나지 않아 감사 일기가 식상하게 느껴졌다. 일상의 반복을 확인하는 것과 같았고, 아이들도 변함이 없었다. 어떤 날은 하나도 감사하지 않았다. 억지로 쓰는 것만 같아 서글프기도 했다. 고작 할 수 있는 게 노트에 감사 일기를 쓰는 일이라니, 기분이 초라한 날도 있었다. 쓰기로 했으니 그냥 쓰는 날도 많았다. 캐플런의 저서가 과장이라는 의구심마저 들었다.

그런 가운데서도 꾸준히 쓴 것은 뇌의 긍정 회로를 구축하는 데 도움이 되었다. 차츰 감사 일기는 감사의 내용보다 감정을 느끼는 것이 중요하다는 사실을 알게 됐다. 태도에 영향을 미치는 것은 감정이다. 감사 일기는 머리가 아닌 가슴으로 느끼는 것이다. 효과를 높이기 위해 손을 심장 부위에 올린 다음 눈을 감고 천천히 호흡한다. '아이가 저녁을 맛있게 먹네.'라고 생각했다면 '아이가 저녁을 맛있게 먹으니 감사하다.'로 확장한다.

가슴으로 감사의 에너지를 충만하게 느낄 수 있도록 의도한다. 이 시간은 길지 않아도 괜찮다. 짧은 호흡이 모여 생명을 이어 주듯, 짧은 순간이라도 매일 이어 가면 긍정심을 키울 수 있다. 타인과 비교하거나 내용에 대해 평가하지 않으며 가슴 가득 충전된 감사 에너지를 느끼면, 그것은 삶의 긍정 에너지가 된다.

확장된 긍정심은 사춘기 아이에게 어떤 변화를 주었을까? 다시 말하지만, 아이들의 행동에는 큰 변화가 없었다. 아이들은 여전히 사춘기의 터널 속을 달렸지만, 변화는 나의 내면에서 일어났다. 그렇다. 달라진 것은 나였다. 나는 이전보다 긍정의 힘을 더 갖게 됐다. 아이의 존재에 대해 조금씩 감사가 커졌고, 커진 감사만큼 비난은 줄었다.

'나를 힘들게 하는 아이'라는 생각에서 '우리 아이가 성장통을 앓고 있구나. 잘 자라려고 애쓰는 몸짓이구나.' 하는 생각이 들었다. 당연하다고 생각했던 일들이 당연하지 않았다. 아이가 늦게 일어나 지각을 해도 '학교를 그만둘 생각은 아니구나.' 싶어 고마웠고, 책상에 앉아 딴짓을 해도 공부를 포기하지 않는 의지가 고마웠다. '나쁜' 친구들과 어울린다고 생각하던 것에서 훗날 추억이 될 우정을 쌓아 가는 아이들이라는 생각으로 전환됐고, '못된' 짓을 하는 것이 아니라 경험을 통해 삶의 스승을 직접 만나고 있다는 생각이 들었다.

하루는 친구들과 논다며 12시가 넘도록 집에 오지 않는 아이를 기다릴 때였다. 그날은 비가 많이 내렸다. 어둠을 타고 내리는 비처럼 내 마음은 검고도 무거웠다. 지금 당장 문을 열고 들어와도 혼을 낼 판국에 아이의 핸드폰은 꺼져 있었고, 집에 올 기미도 전혀 보이지 않았다. '아! 이럴 땐 무슨 감사를 해야 하지?' 때로 긍정하는 일은 부정의 맞바람을 뚫고 나아가는 걸음처럼 힘겹고 고단하다. 나는 그림자 이면에 있는 빛을 찾으려고 애썼다. 그림자 뒤로 희미하게 새어 나오던 빛! 역시 감사할 일은 있었다. 그날 밤 감사 일기장에는 다음과 같이 적었다.

"아이가 좋아하는 친구들과 있다니 감사합니다. 세상에 그 누구를 이렇게 애타는 마음으로 기다릴 수 있을까. 나에게는 기다릴 수 있는 아이가 있어 감사합니다. 아이를 위해 기도할 수 있어 감사합니다." 이렇게 적는데 눈물이 났다. '아! 나는 아이를 사랑하고 있구나.' 하고 내 마음을 깨달았기 때문일까, 애타는 나의 노력이 안타까워서였을까. 졸아드는 심장을 부여잡고 아프게 기다리는 동안 아이가 들어오는 문소리가 들렸다. 나도 모르게 "아, 감사합니다."가 입 밖으로 나왔고, 아이에게 가서 비교적 담담하게 말했다. "늦었네. 네가 와야 엄마, 아빠는 안심이 돼. 조금 더 일찍 다니면 좋겠어."

이날 이후로도 아이의 늦은 귀가는 한동안 이어졌다. 인내하며 기다리는 날과 화를 내며 싸우는 날들이 교차했다. 이런 날들은 결국 아이와 내가 성장하는 하나의 과정이었다.

법정 스님은 "우주의 기운은 자력과 같아서 우리가 어두운 마음을 지니고 있으면 어두운 기운이 몰려온다. 그러나 밝은 마음을 지니고 긍정적이고 낙관적으로 살면 밝은 기운이 밀려와 우리의 삶을 밝게 비춘다."라고 했다. 부모는 긍정하는 태도로 아이의 세상을 밝힐 수 있다. 감사 일기는 부모의 긍정성을 키운다. 부모는 아이를 낳아 키우지만, 아이는 부모의 마음을 성장시킨다. 감사 일기로 부모 마음을 성장시키고 밝은 에너지를 끌어모아 사춘기 아이에게 방탄막이 되어 주면 어떨까. 원망은 쉽고 기도는 어렵다. 부정은 쉽고 긍정은 어렵다. 이보다 더한 일도 많지 않았던가. 그럼에도 기도하고 긍정하기를!

5

사춘기,
지금은 사랑할 때

　'부모 말이 문서'라는 말을 들어 보았는가? 여기서 말하는 '부모 말'이란 단순히 입으로 하는 말이 아니다. 부모가 아이를 바라보는 태도를 말한다. 태도는 말로 표현된다. '부모 말이 문서'란 아이를 보는 부모의 태도가 마치 명문화된 문서처럼 아이의 삶에 크나큰 영향을 미친다는 뜻이다. 부모는 임신부터 출산까지 아이의 탄생을 기다리며 추호도 부정적인 생각을 문서화하지 않았을 것이다. 때로 걱정과 불안이 밀려드는 순간에도 부드럽게 배를 어루만지며 진심으로 이렇게 말했다. "아가, 괜찮아. 안심해. 다 잘될 거야. 엄마(아빠)가 있잖아. 사랑해."

　사춘기는 신체적, 정서적, 사회적 그리고 인지적 측면에서 새로운 자아가 탄생하는 시기다. 부모는 이 시기의 아이를 보고 새 생명의 탄생 못지않게 걱정과 불안을 느낄 때가 많다. 이때 부모는 어떤 태도로 아이를 바라보는가. 아이에게 어떤 말을 하는가. 혹시 이런 말을 한 적은 없는가? "야! 괜찮기는 뭐가 괜찮아. 네 눈에 이게 괜찮아 보이니? 넌 틀렸어."

잠깐, 레몬 한 조각을 물고 있다고 생각해 보자. 어떤 반응이 느껴지는가? 대체로 입안에 침이 고이고 표정이 찡그려진다. 이렇듯 단순하고 일회적인 생각만으로도 우리 몸에는 생리적인 변화가 일어난다. 앞에서 다미주신경 이론을 통해 신체적인 안전감이 우리 정서와 행동에 변화를 일으키는 것을 설명하였다. 부모가 아이 행동에서 불안과 두려움을 느끼면 공격하거나 도망가거나 얼어붙는 반응을 한다. 반대로 감사와 기쁨을 느끼면 몸이 이완되면서 감정을 조절하고 원만한 관계를 맺을 수 있다.

그러나 사춘기 아이를 떠올리며 감사와 평안한 기분을 느끼는 부모는 드물다. 오히려 불안과 걱정이 앞선다. 그럴 때마다 자각 없이 부정적 기운으로 아이를 비난하고 가능성을 의심하는 말을 서슴없이 한다면 부모와 아이는 어떻게 될까. 예로 든 레몬처럼 일회성이 아닌 여러 번, 단순한 생각이 아닌 진지한 심정으로 하는 말이라면?

더 나아가 플라세보 효과를 떠올려 보자. 플라세보 효과란 치료효과가 전혀 없는 약임에도 효과가 있을 것이라는 긍정적 기대를 가질 때 실제로 신체에 긍정적인 변화가 일어나는 현상을 말한다. 이와는 반대되는 노세보 효과가 있다. 무해한 약이지만 해롭다고 생각하는 믿음 때문에 부정적 반응이 일어나는 것이 노세보 효과이다. 요약하면, 인간은 자신의 믿음에 따라 없는 약효도 유용하게, 무해한 약효도 해롭게 받아들일 수 있다.

사춘기 아이 이야기로 돌아오자. 당신은 아이를 어떤 태도로 대하고 있는가. 당신의 아이는 벌써부터 앞날이 뻔한가, 아니면 잠재된 가능성이 무한한가? 부모의 말은 문서가 된다. 당신은 어떤 문서를 쓸 것인가? 긍정하는 부모가 아이를 성장시킨다. 실제로 당신의 아이는 무한한 가능성을 지니고 있다. 그럼에도 어떤 행동의 부분을 보고 잠재력을 부정한다면 그 또한 부모의 믿음대로 된다. 부정적 부모의 말이 아이의 환경이 되는 것이다.

당신은 탄생 이전부터 한 치의 의심도 없이 아이의 존재를 긍정하고, 미래를 축복했다. 그 아이가 지금 사춘기를 지나고 있다. 긍정은 순풍에 돛 단 배를 말하는 것이 아니다. 긍정은 '나쁜' 행동이라는 역풍에도 불구하고, 거듭 아이의 존재를 사랑하고 또 사랑하는 것을 말한다. 사춘기, 지금은 사랑할 때다. 사랑할 때라는 것을 부모는 어떻게 알 수 있을까. 불안하고, 걱정되고, 두렵고, 고단하고, 지칠 때. 바로 이런 순간들이 사랑할 때다. 어떻게 하면 아이가 부모 말을 듣게 할 것인가에 관한 고민이 아니다. 그저 아이의 존재를 사랑할 때 바람직한 행동의 분별력도 나온다. 사랑이 흔들리고 지칠 때 뿌리를 내릴 수 있는 다음 말로 아이를 긍정하자.

나는 아이를 지지합니다. "다 그래. 엄마(아빠)도 그랬어. 너도 그럴 뿐이야!"

나는 아이를 존중합니다. "기억해. 네가 얼마나 소중한 아이인지."

나는 인내합니다. "해서 안 되는 일은 없어. 너를 믿고 기다리는 일, 엄마(아빠)가 할게."

나는 아이를 돌봅니다. "엄마(아빠)가 항상 여기 있을 테니 힘들 땐 집으로 와."

나는 아이를 격려합니다. "그렇지! 너는 마음먹으면 뭐든 하지!"

나는 용기 냅니다. "미안하다고 말하기 어려웠어. 정말 미안해."

나는 아이를 믿습니다. "그냥 크는 생명은 없어. 하물며 가능성이 무한한 너잖아!"

나는 사랑합니다. "'그래서' 사랑하는 건 누구나 해. 엄마(아빠)는 너를 '그래도' 사랑해."

우리 아이는 성장합니다. "사춘기는 지나가고, 성장한 너는 남을 테지!"

나는 희망합니다. "너는 너의 삶을 살아. 엄마(아빠)는 엄마(아빠)의 삶을 살게."

어떤 말이 마음에 와닿는가? 마음에 와닿는 문장은 그냥 눈으로 읽기보다 마음으로 흡수하여 기도처럼 천천히 호흡하며 반복하고 또 반복하자. 마음이 진정되고 아이의 존재를 긍정할 수 있다면 위의 문장을 응용하거나 새롭게 만들어 사용해도 좋다.

3장

사춘기 아이와의
소통을 위한 대화의 정석

1

(비난)

"너 왜 그래? 자꾸 이런 식으로 할 거야?"

✗ 비난하지 말아 주세요.

⇨ 자신감이 꺾입니다.

○ 하지 말아야 하는 말을 안 하는 것도 사랑입니다.

사춘기가 시작된 초6 채린이는 매일 하기로 한 일을 서서히 미루거나 안 하기 시작했다. 채린이가 '할 일'이란 학원 숙제, 수학 문제집 풀기, 영어 듣기 등이다. 이것은 어릴 적부터 하던 일로, 마음먹고 하면 1시간이 채 걸리지 않는다. 채린이는 사춘기 이전까지 부모가 "할 일 해야지."라고 말하면 곧잘 따르던 아이였다. 이제는 부모 말에 대꾸하지 않거나 "알아서 할게."라는 말뿐, 스마트폰을 손에 쥔 채 행동에는 변화가 거의 없다. 아이가

잘못하면 부모는 훈육의 필요성을 느끼는데, 이때 채린이 부모가 채린이에게 하는 말 중 일부를 보자.

"너 왜 그래? 자꾸 이런 식으로 할 거야?"

"너 정신이 있는 거야, 없는 거야?"

"할 일을 또 안 해 놨네. 네가 이런 식이니까 안 되는 거야."

"맨날 핸드폰만 붙들고 살 거야?"

훈육의 목적은 아이의 성장과 발달을 위해 바람직하지 않은 행동을 교정하고, 올바른 방향으로 이끄는 것이다. 반면 비난은 아이의 행동이나 성격을 부정적으로 평가하고 잘못을 지적하는 데 중점을 둔다. 위에서 예시로 든 말들은 비난이다. 비난으로 훈육을 대신할 수 없다. 그러나 많은 부모가 자신의 바람을 비난으로 전달하고, 그것이 불통의 요인이 된다는 것을 모른다. 그저 아이가 잘되길 바라며 하는 말인데, 대부분 아이가 말을 안 들어서 속상하다고만 느낀다.

채린이 부모도 마찬가지다. 채린이 부모의 바람은 채린이가 할 일을 미루지 않고 자기관리를 잘하는 것이다. 이런 부모의 바람은 정말 소중하다. 부모가 아니면 누가 우리 아이에게 이런 바람을 갖겠는가. 하지만 소중한 바람을 비난으로 표현할 때 부모가 원치 않는 결과가 생긴다. 감정의 뇌인 편도체가 활성화되고 신경계가 위험을 감지하여 교감신경계가 가동화된다. 비난은 아이의 신경계를 공격 또는 도망 상태로 만드는 대표적인 표현이다. 비난받은 아이는 자신감이 꺾이고 자존감이 낮아진다. 특히, 다음 세 가지 요소가 들어간 비난을 주의해서 살펴보자.

비난하면 안 되는 이유

첫째, 비난의 주어는 '너'다. 아이의 실수나 잘못은 '아이의 전부가 아닌 일부'다. 위의 예시처럼 주어 '너'를 사용하여 아이를 꾸중하는 것은 마치 실수나 잘못이 아이의 전부인 듯 단정 짓는 것으로 들린다. 듣는 아이는 '나를 인간적으로 쓸모없다고 말하는구나'로 받아들인다. 가랑비에 옷 젖듯 오랜 세월 부모에게 들어온 이런 메시지는 아이에게 내면화된다. 자기비난이 삶의 태도가 되기도 한다. 우리는 부지불식간에 스스로를 얼마나 비난하는가. '나는 왜 이러지. 나는 틀렸어. 남들은 안 그러는데, 나는 이 정도밖에 안 되는 사람이야.'라고. 다른 사람도 아닌 자기를 비난하는 내면의 목소리로 많은 사람이 괴로워한다. 그 내면의 메시지가 부모로부터 온 것이라면 참 슬픈 일이다.

두 번째 요소는 '왜'다. '왜'라는 질문은 지적인 자극을 주는 데 효과적이다. 그러나 감정적인 연결이 필요할 때 "왜 울어?", "왜 화내?", "왜 싫어?"처럼 '왜'라는 질문은 감정과의 접촉을 멀어지게 한다. '왜?'는 따지듯이 '너의 행동이나 감정은 타당하지 않아. 그러니까 바꿔야 해.'라는 의미로 받아들여지기 쉽다. 이런 상황에서 아이의 마음은 닫히기 쉽고, 부모에게 반항하거나 피하게 된다.

특히 부모가 부정적인 감정상태에서 '왜?'라고 질문하면, 이는 부모의 불편한 감정을 해소하기 위해 아이의 감정을 수단으로 삼겠다는 의도로 비친다. 이런 부모에게 마음을 여는 아이는 없다. 똑같은 '왜?'라는 질문도 말하는 사람의 태도와 뉘앙스에 따라 다르게 전달되므로 '왜'라는 질문을 할 때는 톤을 부드럽게 하는 것이 좋다. 되도록 '왜?' 대신 "무슨 일 있었어?" 또는 "어떤 일이 있었던 거야?"로 아이와의 감정적 연결을 시도한다.

세 번째는 빈도부사의 사용이다. 빈도부사란 '또', '맨날', '항상', '언제나', '자꾸' 등처럼 어떤 동작이나 상태가 얼마나 자주 일어나는지 빈도를 나타낸다. 부모가 빈도부사를 사용하는 이유는 부정성이 쌓여 부모의 불만이나 실망을 강하게 전달하려는 것이다. 아이가 문제의 심각성을 받아들이고 고치기를 기대하는 바도 있다. 그러나 빈도부사의 사용은 다음처럼 듣는 이로 하여금 반감, 체념, 역공을 일으킬 뿐이다.

부모: 너는 항상 이런 식이잖아. 또 이러네, 자꾸 이렇게 할래?
아이: 항상 아닌데! (반감)

　　　그래. 난 항상 이래. 어차피 내가 잘하려고 해도 믿지 않을
　　　거잖아! (체념)

엄마(아빠)도 맨날 그러면서 왜 나한테만 그래? (역공)

이런 부정성을 줄이기 위해 빈도부사 대신 '대체로, 가끔, 종
종, 이따금, 간혹' 등의 표현을 하거나 '일주일에 3일 동안'처럼
사실에 근거해 말하는 것이 좋다. 빈도부사를 입버릇처럼 무의
식적으로 사용하는 부모도 적지 않은데, 듣는 사람의 감정을 염
두에 두고 자제한다.

지금까지 설명한 것처럼 '너', '왜', '빈도부사' 중에서 한 가
지라도 들으면 연결은 멀어진다. 만약 이 세 가지가 모두 들어간
비난이라면 어떨까. 게다가 매일 반복적으로 듣는다고 생각해
보라. 사춘기 아이에게 최근 한 말 가운데 비난은 없었나? 부모
교육에서 만나는 부모들은 나의 설명을 듣고 말한다. "제가 하
는 말이 거의 비난이었네요."

물론 당신은 아이에게 비난만 하지는 않았을 것이다. 비난
을 상쇄할 만큼 다른 부분에서 사랑과 관심을 주었을 것이다. 그
러나 하지 말아야 할 말을 안 하는 것도 사랑이다. 사랑하면서
도 미워하는 관계가 되지 않기를 바란다면 지금부터 비난을 줄
이거나 사용을 자제하는 것이 좋다. 비난 대신 할 수 있는 말은
'나-전달법'이다. 다음 페이지를 보자.

2

(일방적 요구)
"부모가 한번 말하면 들어."

✗ 강압적인 요구를 하지 마세요.

⇨ 삶의 주도성과 의욕을 떨어뜨립니다.

○ 부드러운 말투로 아이의 자율성을 존중해 주세요.

채린이를 다시 보자. 채린이는 일주일째 부모님과 매일 하기로 약속한 '할 일'을 하지 않고 있다. 부모가 "할 일은?" 하고 물으면 눈도 마주치지 않고 "알아서 할게."라고 할 뿐, 스마트폰을 내려놓지 않는다. 이럴 때 부모가 할 수 있는 대화법은 '나-전달법'이다. 방법은 다음과 같다.

1. 나를 주어로

2. 행동을 사실 그대로 표현하고

3. 나의 생각이나 감정을 말하고

4. 바라는 점을 말하기

이를 채린이의 사례에 적용하면 다음과 같다.

(나를 주어로) 엄마(아빠)는

(행동을 사실 그대로) "알아서 할게." 하고 일주일째 할 일이 밀려 있는 것을 보니까

(나의 생각과 감정) 약속이 지켜지지 않는 것 같아 불안하기도 하고 마음이 쓰이네.

(바라는 점) 매일 하기는 어렵더라도 일주일에 3일 이상 안 밀렸으면 좋겠어.

이렇게 나-전달법으로 아이에게 말하면 무슨 일이 벌어질까? "어디서 엄마(아빠)도 이상한 거 배웠어?"라는 질문을 하거나 "응, 알았어. 내가 알아서 할게."라는 말만 되풀이할 뿐, 아이 행동에는 변화가 없을 수 있다. 그렇다면 익숙하지 않은 나-전달법으로 말하는 것이 과연 무슨 의미가 있을까?

아이의 행동 변화를 목적으로 한다면 나-전달법은 의미가 없다. 이런 의도라면 오히려 아이의 주도성과 의욕만을 꺾을 뿐이다. 대신 더 큰 목표를 설정해야 한다. 그것은 옳고 그름을 분

별하고 감정을 조절하며 미래의 계획과 동기부여를 갖도록 아이의 전두엽 발달을 돕는 것이다. 부모 역시 장기적인 관점에서 생각할 때 올바른 분별력과 자발성을 가진 아이를 원할 것이다. 이것은 전두엽의 역할이다. 앞에서 다룬 바와 같이 사춘기 아이의 전두엽은 대대적인 리모델링 공사 중이다. 공사 중인 도로를 지나간 경험이 있다면 알겠지만, 이때는 누군가의 수신호가 교통 체증을 풀어 주는 역할을 한다.

누군가가 나와 말하기 위해 '말하기'를 연습한다면

『사춘기 대화의 정석』의 핵심은 '약간만' 부드럽게 말하기라고 했다. 나-전달법은 체증이 심한 아이의 전두엽 구간에서 부모가 친절한 수신호를 보내는 것과 같다. 매우 친절하지 않아도 괜찮다. '약간만' 부드러운 정도면 된다. 이것은 쉽게 활성화되는 감정 영역의 편도체를 진정시키고, 전두엽의 감정조절 기능을 발휘하게 하는 것은 물론, 신체적 안전과 정서적 안정감을 줄수 있다. 나-전달법은 이런 차원에서 도구가 될 수 있다. 어떤 요소가 이러한 작용을 하는지 살펴보자.

첫째 나-전달법의 주어는 '나'로 시작한다. 반면, 비난의 주어는 '너'다. '너'를 주어로 하는 훈육은 대부분 반감을 사기 마련이지만, 나-전달법에서 '나'를 주어로 할 때는 상대에 대한 존중이 전제되므로 아이의 방어전략을 덜 자극한다. 100명의 사람이 있다면 100명의 사람 모두 다른 사람과 구별되는 고유한 생각과 입장이 있다. '나'를 주어로 하는 것은 나를 제외한 사람들의 다른 점을 수용하는 겸손의 말투다. 오늘이라도 아이에게 하고 싶은 말이 있다면 다음과 같이 말머리를 시작해 보자.

"엄마(아빠)는 ~~"
"엄마(아빠)가 생각하기에는 ~~"
"나는 ~~"

이와 같은 표현은 아이에게도 역할 모델이 된다. 아이가 부모에게 말할 때 "제가 생각하기에는~~"이라고 말한다고 생각해 보라. 당신은 아마 아이의 이야기를 더 잘 듣고 싶은 마음이 들 것이다. 얼핏 생각하면 사소해 보일 수 있지만 가정에서 가르칠 수 있는 중요한 대화의 기술이다. 지나친 자기주장이 되지 않도록 '나'를 주어로 할 때는 아이의 입장도 있다는 것을 염두에 둔다.

두 번째는 아이가 잘못한 행동을 '사실 그대로' 전함으로써 '잘못'과 '아이'를 동일시하지 않는 데 있다. 아이는 '잘못' 자체가 아니다. '전부' 잘못하는 것도 아니다. 다만, 잘못할 때가 있는 아이다. 성장하는 과정에서 얼마든지 개선과 보완이 필요한 '부분'이 있는 아이다. 행동을 사실 그대로 전하는 것은 생각처럼 쉬운 일은 아니지만, 아이를 '문제아'라고 단정하는 판단과 비난을 줄일 수 있다.

세 번째는 생각과 감정을 말하는 것이다. 감정코칭을 체계화한 존 가트맨 박사는 감정의 이름을 안다는 것은 밖으로 나가는 문의 문고리를 잡은 것과 같다고 했다. 당신과 아이가 감정의 소용돌이가 차오르는 방에 갇혔다고 생각해 보라. 숨이 차고 가슴이 답답해지며, 두려울 것이다. 그러나 밖으로 나가는 문의 손잡이를 잡았을 때는 안도할 수 있다. 이때 전두엽이 기능한다. "나는 이런 상황에서 이런 생각과 감정을 느껴."라고 표현하는 일은 전두엽의 영역이다. 전두엽은 생각의 흐름을 볼 수 있고, 감정의 이름을 알며 표현하는 일을 한다. 부모의 전두엽 기능을 통과한 언어 사용은 아이의 전두엽을 자극한다.

네 번째는 부모가 바라는 점을 말하는 데 있다. 단, 부모의 바람을 일방적으로 알리는 것이 아니라 '나'를 주어로 행동을 있는 그대로 표현하고 생각과 감정에 이어 바라는 점을 말하게 되면, 부모는 자신을 더 잘 이해하게 된다. 아이 역시 역지사지를 통해 부모를 이해하고 공감할 여지를 갖게 되며 자신의 상황을 객관적으로 바라볼 수 있다. (다시 말하지만) 그렇다고 아이가 즉각 행동의 변화를 일으키는 것은 아니다.

나-전달법이 '아이'라는 폴더를 여는 클릭 버튼은 아니다. 사춘기 아이는 그 어느 때보다 자율성이 자라고 있고 그것을 존중받기를 바란다. 나-전달법은 존중의 표현과 양방향 소통을 위한 것이다. 양방향 소통을 위해 이제 "엄마(아빠)의 말을 들어 보니 네 생각은 어때?"라는 말로 아이 이야기에 귀 기울이도록 한다. 정리해 보자. 나-전달법으로 아이와 소통하고자 한다면 다음을 고려한다.

나는 아이를 보고 무엇을 듣고, 경험했지?
나는 어떻게 느끼고 있지?
내가 바라는 것은 무엇이지?
아이에게 나의 바람이 전달되려면 어떻게 이야기하면 좋지?

아이의 입장에서도 고려한다.

아이는 무엇을 보고, 듣고, 경험했지?
아이는 어떻게 느끼고 있지?
아이가 바라는 것은 무엇이지?
아이는 나에게 자신의 바람을 어떻게 전하고 있지?

온전한 나-전달법을 구사하는 것은 쉽지 않다. 익숙하지 않은 대화 방법을 사용하는 것은 마치 길 없는 길을 걷는 것처럼, 뇌의 신경망 중 사용하지 않던 부분을 사용하는 일이다. 반면, 비난의 말투는 고속도로처럼 열려 있는 신경망을 가지고 있을 지도 모른다. 그러나 이것은 부모의 잘못이 아니다. 비난은 우리 사회에 만연하고, 나-전달법을 배우지 못한 채 성장해 왔기 때문이다. 그렇기에 나-전달법을 시도하고 노력하는 것 자체가 아이와의 관계를 긍정적으로 발전시키는 길이 된다. 이는 아이의 전두엽 발달을 도와주고 5년, 10년 후 아이의 모습을 변화시키는 중요한 과정이다.

누군가 나에게 말하기 위해 서툴고 어색함에도 불구하고 말공부를 한다고 생각하면, 매끄럽지 않은 대화에서도 진심을 느낄 수 있을 것이다. 진심만큼 우리 뇌와 심장을 변화시키는 것은 없다. 진심이 전달되는 대화는 한 번도 실수하지 않고 안정적으로 형성되는 것이 아니라, 셀 수 없이 무너지고 다시 복구하려는 부모의 노력이 있을 때 가능하다는 것을 잊지 말기 바란다.

3

(마음의 왜곡)
"부모 화나라고
일부러 그러는 거지?"

✖ 아이의 마음을 오해하지 마세요.

⇨ 답답한 마음이 응어리집니다.

⭕ '있는 그대로' 아이를 관찰하고 발전적 피드백을
해 주세요.

아이가 책상에 반듯하게 앉아 열심히 공부하고 있는 모습을
보면 어떤가? 또는 자신의 할 일을 다 하고 여유 있게 쉬는 모습
은 어떤가. 사춘기라고 해서 모두가 잘못된 판단과 행동을 하는
건 아니다. 부모는 아이의 잘못은 꾸짖지만, 올바른 말과 행동은
지속되기를 기대한다. 이때 활용할 수 있는 방법이 '피드백'이
다. 훈육에서 말하는 피드백이란 아이가 자신의 행동을 돌아보

3

게 하여 좋은 점은 강화하고, 부족한 점은 개선할 수 있게 하는 것이다. 앞에서 다룬 나-전달법을 기본으로 긍정적 피드백과 발전적 피드백을 활용해 보자.

긍정적 피드백과 발전적 피드백

먼저 긍정적 피드백이다. 방법은 나-전달법을 전제로 '관찰'과 '이유'를 들어 말한다.

상황 1: 아이가 자신의 할 일을 먼저 한 뒤 쉬고 있다.
긍정적 피드백(관찰+이유): 할 일을 9시 이전에 다 마친 모습을 보니까(관찰) 너의 노력이 느껴져 엄마(아빠) 마음도 홀가분하고 안심되네. 수고했어.(이유)

상황 2: 아이가 식사를 마치고 빈 그릇을 물에 담가 놓았다.
긍정적 피드백(관찰+이유): 빈 그릇을 물에 담가 놓으면(관찰) 설거지하기 쉽지. 고마워.(이유)

긍정적 피드백은 아이의 바람직한 행동을 구체적으로 언급함으로써 아이에게 자신이 가치 있고 중요하다는 인식을 심어줄 수 있다. 부모의 칭찬을 막연하게 생각하는 것이 아니라 어떤 행동이 자신과 부모에게 긍정적 영향을 주는지 알 수 있어 이후 행동에 동기가 되기도 한다. "도움이 됐어. 고마워." 등의 긍정적 감정의 교류는 친밀감과 유대감 형성에도 기여한다.

유의할 점으로 "넌 참 착해." 또는 "너는 참 훌륭해."와 같이 아이의 인격과 동일시하는 언급은 지양한다. 이런 표현은 "나는 훌륭하지 않아." 또는 "나는 착한 사람이 아니야."처럼 반감을 일으킬 수 있고, 때로는 착하고 훌륭한 사람이 되기 위해 공연히 애쓰게 할 수도 있다. 사춘기에 들어서면서 아이의 긍정적 행동이 줄고 부모 마음에 들지 않는 일들이 많이 생기곤 한다.

그렇더라도 분명히 아이의 동기가 선하고, 올바른 행동이 있을 수 있으므로 그 타이밍을 놓치지 말고 긍정적 피드백을 한다. 무엇이든 알아서 할 것처럼 굴다가도 어린 아이처럼 돌변하기도 하는 사춘기 아이의 마음속에는 여전히 부모의 관심과 인정을 바라는 마음이 있다. 긍정적 피드백으로 그 마음을 읽어 주자.

다음은 발전적 피드백이다. 발전적 피드백은 아이에게 부족한 부분이 개선되도록 관찰과 이유, 대안을 말한다. 사례를 보자.

상황 3: 8시 30분쯤 일어나서 일주일에 3번 이상 지각을 한다.
발전적 피드백(관찰+이유+대안): 이번 주 들어서 세 번 지각했어. 지금까지 지각을 모두 일곱 번 했네. 엄마(아빠)가 보니까 거의 두세 시쯤 자는 것 같더라.(관찰) 일어나기 힘들지? 엄마(아빠)도 네가 늦게 자고 아침에 못 일어나는 모습 보면 힘들어서 어쩌나 안타깝고, 지각할까 봐 걱정돼. 이런 일이 자주 있으면 건강에도 안 좋지.(이유) 잠자리에 드는 시간이 12시를 넘지 않도록 하는 게 어떨까?(대안)

상황 4: 동생이 자신의 방에 들어왔을 때 "나가."라고 소리친다.
발전적 피드백(관찰+이유+대안): 동생한테 나가라고 큰 소리로 말하는 걸 들었어.(관찰) 동생이 네 방에 들어와서 당황스럽고 화가 났을 것 같아. 아빠는 네가 마음 편하게 동생과 지냈으면 하거든.(이유) 동생에게 "나의 사적인 공간을 보호받고 싶어."라고 말하고, 네 방에 들어올 때는 노크를 해 달라고 말하는 건 어때?(대안)

발전적 피드백은 단순한 꾸중이 아니다. 꾸중은 잘못된 행동을 나무라는 데 그치지만, 발전적 피드백은 성장과 발전을 도모한다. 이를 위해 공감적 추측이 우선시된다. "힘들지?" "화가 났을 것 같아."처럼 아이의 감정을 추측해 표현하면, 아이는 감정적 연결을 느낀다. 그 뒤 대안을 제시할 때 아이는 분별력 있는 행동을 할 가능성이 높아진다.

대화의 적절한 타이밍도 중요하다. 아이의 감정이 안정되지 않은 상태에서는 피드백을 받아들이기 어렵다. "지금 ~~무슨 이야기를 하는 건 어때?"라고 묻고, 원하지 않는다면 "응, 그래. 알겠어."라고 하며 다음을 기약한다. 부모는 올바른 대안을 제시해야 한다고 생각하기보다, 아이가 부담을 느끼지 않을 정도의 대안을 제시하는 것이 중요하다. 아이가 "모르겠어."라고 하면 "그래, 모를 수도 있지. 괜찮아."라며 수용하고 함께 생각해 보자고 제안할 수 있다.

부모는 종종 아이의 긍정적 행동을 당연하게 여기거나, 부정적 행동 앞에서는 불신하는 경우가 많다. "부모 화나라고 일부러 그러는 거니?"와 같은 질문은 아이의 답답한 마음을 웅어리지게 한다. 이런 태도는 아이의 발전을 방해할 수 있다. 긍정적 행동은 강화하고, 부정적 행동은 발전할 수 있도록 대화하는 것이 필요하다.

(부당한 훈육)
"그렇게 살 거면 나가."

✕ 아이를 문밖으로 내쫓지 마세요.

⇨ 수치심과 두려움이 커집니다.

O 내면의 알아차림으로 부모의 진심을 말해 주세요.

혜리 아빠는 몇 년 전 이혼하고 두 살 터울의 자매를 키우고 있다. 큰딸 혜리는 고1이다. 혼자 딸들을 키워야 한다는 두려움에 혜리 아빠는 아이들에게 엄격한 편이다. 귀가 시간 지킬 것, 평균 90점 이상 받을 것, 아빠에게 말대답하지 말 것 등이 그것이다. 큰딸 혜리에게 거는 기대도 크다. 큰아이가 잘하면 동생도 보고 배울 것이라는 생각에서 그렇다. 그런데 혜리는 지난 시험에 이어 이번 시험에도 성적이 크게 떨어졌다. 혜리 아빠는 혜리

를 불러 "성적이 이게 뭐야?" 하고 나무랐고, 혜리는 "시험이 어려운 걸 내가 어쩌라고?"라며 반발했다.

혜리의 반항이 처음이 아닌 데다가 부정적 감정이 쌓여 있던 혜리 아빠는 혜리를 무섭게 노려보며 거칠게 말했다. "어디서 말대꾸야? 이런 식으로 공부 안 하고 말 안 들을 거면 나가!" 그러고는 혜리의 가녀린 어깨를 그악스럽게 움켜잡고 현관으로 끌고 갔다. 혜리는 문틀을 붙잡고 밀려나지 않으려고 기를 썼다. 이것은 부당한 훈육이다. 부당한 훈육이란 아이에게 정서, 신체에 과도한 압박이나 통제를 가하여 훈육 이상의 부정적 영향을 미치는 것을 말한다.

'부모와 집'은 아이에게 상징하는 바가 크다. 생존과 관련된 안전과 보호, 돌봄을 기대하는 관심과 애정, 성장과 발달을 지지받을 수 있는 대상이 부모이고, 집은 그 공간이다. 아닌 게 아니라 부모는 그 누구보다 안전한 집에서 아이를 보호하고 돌보기를 바라며, 부모됨의 목적으로 삼는다. 아이도 부모의 돌봄을 바라며 세상에서 부모를 가장 믿고 의지한다. 그러나 부모는 아이가 자신의 말을 듣지 않는다는 이유로 아이의 안전을 위협한다. 이런 경험은 아이에게 단순한 감정을 남기지 않는다. "집에서 나가."는 곧 '나는 부모에게 중요한 사람이 아니야.'라는 수치심으로 자리 잡는다.

내 존재의 안전을 지켜 주는 사람, 내가 의지하는 중요한 사람에게서 '나를 싫어하는구나!'라는 느낌을 받으면 깊은 슬픔, 외로움과 허허로움에 휩싸인다. 이는 인간관계에서 소외감과 '나에게 안전한 곳은 어딘가?' 하는 두려움을 낳는다. 장기적으로 세상을 불신하고 자존감이 낮아진다. 이는 아이의 학업과 생활 습관 및 대인관계에도 부정적 영향을 미칠 수밖에 없다. 그렇기에 부모가 아이를 훈육할 때 가장 주의할 점이 있다면, "너는 가치가 없는 사람이야."라는 메시지가 전달되지 않도록 하는 것이다.

사실, 부모가 집에서 아이를 쫓아내는 것은 있을 수 없는 일이다. 아이를 잃는 일은 부모로서 참을 수 없는 고통이다. 그럼에도 이런 일을 감행하는 이유는 뭘까? 정말 아이를 잃고 싶은 것은 결단코 아니다. 이런 위협적인 언사가 아이를 변화시킬 리도 없다. 다미주신경 이론에서 다룬 바와 같이, 헤리 아빠는 공포와 불안을 느낄 때 반응하는 교감신경계가 활성화된 상태다. 아이의 행동과 아이와의 관계를 위험으로 느끼고 생존 반응을 일으키는 것이다. 부디 아이가 '안전하길' 바라며, 자신이 느끼는 위험한 감정이 '안정화되길' 바라는 마음에서 공격 또는 도피 반응을 하는 것이다. 얼마나 절박한 바람이면 쫓아내려는 시도까지 하겠는가. 이러한 반응은 무의식적인 신경계 반응으로, 부모는 미처 알아차리지 못할 뿐이다.

『깨어있는 부모』의 저자 셰팔리 차바리는 테드(TED) 강연에

서 "우리를 가장 자극할 사람이 아이들 말고 누가 있나요?"라고
묻는다. 이어서 차바리는 부모가 아이들에게 자극받는 이유는
아이들이 악마여서가 아니라 부모의 묵은 상처를 건드리기 때
문이라고 말한다. 부모에게 묵은 상처란 어린 시절 충분히 사랑
받지 못했던 슬픔, 더 나은 사람이 되고 싶은 의욕을 꺾었던 무
시, 실패와 실수보다 더 아팠던 부모의 비난 등이다. 묵은 상처
는 사라진 감정이 아니다. 앙금처럼 가라앉아 있다가 아이에게
자극받으면 수면 위로 떠오른다. 아이는 부모를 화나게 하려는
것이 아니라 부모의 부당한 훈육을 위험으로 느껴 생존본능으
로 공격 또는 도망 반응을 하는 것뿐이다. 하지만 아이의 반응은
부모의 묵은 상처를 건드리는 악순환으로 이어진다.

　혜리 아빠가 혼자 두 딸을 키우는 어려움은 경험하지 않은
사람은 알 수 없을 만큼 클 것이다. 그럼에도 차바리는 혼자 아
이를 키우든 그렇지 않든, 그것은 중요하지 않다고 한다. "자기
내면의 소리도 듣지 못하는 사람이 어떻게 아이의 내면에 귀 기
울일 수 있겠는가?"라고 묻는 그녀는 부모가 어떤 상황에 있든
'알아차림'의 중요성을 강조한다. 알아차림이란 부모가 아이에
게 자극받는 감정과 반응을 인식하고, 그 감정이 어디서 비롯되
었는지 이해하는 것을 말한다. 부모는 알아차림을 통해 아이에
게 무엇을 할 수 있을까? 알아차림으로 부모의 묵은 상처를 모
두 알아낼 수 있는 건 아니다. 양육에서 오는 스트레스를 없앨
수도 없다.

그럼에도 알아차림이 필요한 이유는 사랑하는 아이와 부모의 묵은 상처를 분리해야 하기 때문이다. 그로써 아이에게 수치심과 두려움을 남기는 일을 멈추거나 줄여야 하기 때문이다. 그래야 '약간만' 부드러운 말투로 "최근 성적도 떨어지고 대화도 거의 없어서 무슨 일이 있는 건 아닌가 마음이 쓰이네. 요즘 지내는 건 어때?"라고 적절히 다가갈 수 있다.

부모의 알아차림은 단순한 양육의 기술이 아니다. 악순환의 고리를 전환하여 가족의 행복과 건강한 관계를 위한 자원이자 능력이다. 지금, 이 순간 '약간'이라도 할 수 있는 일을 하는 데서 부모 자녀 관계는 선순환된다. 아이에게 부모와 집이 어떤 의미인지 상기하며 아이의 마음을 이해하고 보듬을 때, "아이야, 너는 세상 어떤 것과도 바꿀 수 없을 만큼 소중하단다."라는 부모의 진심도 전할 수 있다.

5

(경멸)
"제대로 하는 것도
없는 주제에."

✗ 경멸하지 말아 주세요.
  ⇨ 아이의 자존감이 훼손됩니다.

○ 부모 스스로 자신의 노고를 인정하고,
  아이와 우호적인 대화를 하세요.

부모에게 경멸을 들은 아이는

몇 해 전, 중학생을 대상으로 수업을 진행한 적이 있다. 주제
는 대화 방법이었다. 타인에게 어떤 말을 듣느냐에 따라 우리의
기분이 달라질 수 있고, 즉각적인 반응 대신 자신의 감정을 적절
히 표현하는 것이 중요하다는 내용이었다. 이를 위해 아이들에

게 "부모님에게 들었을 때 가장 듣기 싫은 말은?"이라고 질문했다. 그리고 모둠 작업으로 큰 종이에 그 말들을 적게 했다. 아래는 그중 일부다.

"제대로 하는 것도 없는 주제에."
"맨날 옷이나 사고 잘한다."
"네가 정신이 있는 애니, 없는 애니?"
"놀고 있네. 너나 잘해."
"에휴, 한심하다. 한심해."
"노는 만큼 공부하면 전교 1등이겠네."

아이들이 종이에 적는 모습은 다소 장난스러웠지만 거침이 없었다. 정말 평상시 자주 들어서 익숙한 말들인 것 같았다. 가만히 살펴보니 아이들이 쏟아낸 말 가운데는 경멸이 많았다. 아이들에게 이런 말을 들을 때 기분이 어떤지 물었다. 아이들 대부분이 망설임 없이 바로 대답했다. "기분 더럽죠." 나는 다시 질문했다. "기분이 더럽다는 것은 좌절인가요? 억울함인가요? 서운함인가요? 어떨 때 '기분이 더럽다'고 느끼나요?" 한 아이가 조금 천천히 말했다. "저는 좌절을 느낄 때인 것 같아요."

경멸은 다른 사람을 가치 없게 여기는 감정이나 태도를 말한다. 무시, 비하 또는 업신여기는 말투와 차가운 표정, 눈빛, 몸짓, 한숨 등으로 표현된다. 사람은 타인의 태도에서 자신의 가치를 발견하곤 한다. 아이는 부모의 태도에서 자신이 어떤 존재인지 안다. 하찮은 대우를 받을 때는 불안을 느끼고, 존중을 받으면 자신감을 얻고 안정감을 느낀다. 자신의 존재를 가치 없게 여기는 부모의 경멸 앞에서 아이들이 좌절을 느끼는 것은 당연하다. 부모의 경멸은 아이들에게 수치심, 억울함, 무력감 등의 상처를 주고 아이의 자존감을 훼손한다. 이럴 때 아이들은 "아, 뭘보는데? 짜증나게."라며 반항심을 드러내거나 부모와의 대화를 피한다.

혹시 당신도 아이를 경멸한 적이 있을지 모르겠다. 나는 있다. 주로 기대한 성적이 나오지 않거나 학원을 빼먹거나 반항할 때 "아주 잘하는 짓이다."라며 아이를 경멸했다. 내가 원하는 수준의 말과 행동을 하지 않을 때는 아이의 존재마저 하찮게 여겼다. 너무 오랜 세월 아이에게 경멸을 보낸 나머지 처음에는 그것이 경멸인 줄도 몰랐다. 그러다 알게 됐다. 내가 보낸 파장이 나에게 돌아오는 것처럼 아이들도 나를 경멸하고 있다는 것을. 아이들은 내가 말하면 "아, 뭐래?"라고 빈정거리거나 냉소적으로 바라봤다. 나는 당혹스러움과 함께 깊은 슬픔을 느꼈다. 그리고 의문이 들었다. '이상하다. 나는 아이들을 정말 사랑하는데, 왜 이렇게 업신여기는 말을 하고, 보란 듯이 한심해하는 표정을 짓는 사이가 됐을까?'

내가 아이들을 경멸한다는 것을 깨달은 순간, 나는 아이들만 경멸하는 것이 아님을 알았다. 나는 나 자신에게조차 경멸을 보내고 있었다. 스트레스를 받을 때는 차분히 나를 위로하고 지지하기보다는 한숨을 쉬었다. '나는 제대로 하는 게 없어. 남들은 안 그러는데 나는 왜 이 모양일까. 휴~.' 다른 사람들에게는 쉽게 하지 않는 경멸을 아이들에게 하고 내가 나를 존중하지 못하면서 나의 낮은 자존감을 아이에게 그대로 돌려주고 있음에 또 한 번 탄식이 나왔다.

아이를 위해서도 나는 나에 대한 경멸을 멈춰야 했다. 부모는 자기 자신과 관계가 좋지 않으면 절대 아이와 좋은 관계를 맺을 수 없다. 뇌과학도 자기를 인식하고 타인을 공감하는 뇌 부위는 일치한다는 연구 결과를 내놓고 있지 않은가. 나는 경멸을 멈추기 위해 가장 먼저 나의 경멸 어린 말투를 인정했다. '나는 아이들을 경멸하고 있구나! 아이들이 내 말을 듣지 않아서라고 생각했지만, 내가 나를 보는 관점 그대로 아이들을 보고 있었구나!'

아이를 경멸하지 않겠다는 다짐보다 더 중요한 것이 있다. 그것은 부모가 자신을 존중하는 것이다. 부모가 자신을 존중할 수 있는 타이밍은 경멸의 말을 하는 순간의 알아차림으로도 가능하다. 부모는 마땅히 존중받아야 할 소중한 사람이다. 부모는 어떤 힘들고 어려운 상황에서도 아이를 위해 끊임없이 노력하지 않는가? 아이를 위해 할 수 있는 일이라면 그 무엇도 포기한 적 없는 당신이지 않은가!

십대 자녀와의 대화가 실패로 끝나는 이유는 아이를 존중의 대상으로 보지 않는 부모에게 원인이 있지만, 아이를 위해 헌신하는 자신의 노고를 깊이 존중하지 않는 것이 일차적 원인이다. 자신의 가치를 귀하게 여기지 않는 부모는 아이와의 소통에서 비난과 경멸이 난무하고 결국 대화는 실패할 수밖에 없다. 경멸을 멈추는 첫 번째 대안은 자신의 노고에 대한 인정이다. '나는 힘들고 고단한 나날을 보내고 있음에도 아이를 위해 꺾인 무릎을 수없이 일으켜 세우는 사람이구나!' 이것은 아이에게 어떤 대가를 바라는 마음이 아닌, 순수한 마음에서 우러나오는 사랑을 스스로 귀하게 여기는 것이다. 자신의 노고를 따뜻하게 지지하고, 긍정의 말로 아이와의 관계를 우호적으로 다져 보자.

경멸의 말	긍정의 말
제대로 하는 것도 없는 주제에.	누구라도 잘하는 데까지 시간이 걸려. 아직 어려운 부분이 있겠지만, 네가 좋아하는 일이라면 꾸준히 해봐. 너는 잘할 수 있을 거야.
맨날 옷이나 사고 잘한다.	너는 스타일 감각이 좋아. 그건 너의 장점이지. 너의 장점을 다른 분야에도 적용하면 상승효과를 낼 수 있지.
네가 정신이 있는 애니, 없는 애니?	너의 생각과 느낌을 듣고 싶어. 어떤 일로 그런 생각이 들었는지 얘기해 줄래?
놀고 있네. 너나 잘해.	너의 의견도 일리가 있네. 엄마(아빠)도 생각해 볼게.
에휴, 한심하다. 한심해.	네가 시도하는 모든 일에는 배울 점이 있지.
노는 만큼 공부하면 전교 1등이겠네.	놀이도 중요하다고 생각해. 쉴 땐 쉬고 공부할 때는 집중하자.

6

(말문 막기)
"입 다물라고 했지!"

✖ 아이의 말문을 막지 마세요.

⇨ 소통의 단절은 아이 마음에 고통을 줍니다.

⭕ 공감적 경청으로 아이의 마음을 열어 주세요.

"너, 이렇게 노닥거릴 시간이 어디 있어? 빨리 들어가 영어단어 외우고 숙제해."
"말 같지 않은 소리 하지 말고, 입 다물고 조용히 해!"
"그렇게 쓸데없는 일에 신경 쓰지 말고 시키는 일이나 좀 해."

대화에서 공감은 왜 중요할까? 나는 가끔 진화적 관점에서 부모 역할을 생각해 볼 때가 있다. 인간은 사회적인 동물로 진화

사춘기 대화의 정석

했다. 인간의 생존과 번영을 위해 협력과 상호작용은 필수적이다. 공감은 그 요소의 핵심이다. 인간은 진화과정에서 공감을 통해 자신의 감정을 수용받고, 타인의 감정을 이해함으로써 사회적 관계를 강화하고 집단의 안정성을 높였다. 인간의 신경계가 공감받았을 때 안정화되는 것은 그 중요성을 반영한다. 반대로, 공감적 소통의 부재는 스트레스를 일으킬 뿐만 아니라 상호 협력과 성장을 저해하며 생존의 위협을 느끼게 만든다.

부모는 아이의 생존뿐만 아니라 삶의 행복과 번영을 바란다. 그렇다면 공감적 경청을 통해 아이의 신경계를 안정시키고, 아이가 부모를 협력적인 관계로 인식하도록 하는 것이 매우 중요하다. 그러나 현실은 다르다. 부모는 아이의 말문을 막고, 공감과 위로를 바라는 순간에 경청을 거절한다. "공감의 중요성은 알지만, 공감만으로는 아이가 해야 할 일을 끝낼 수가 없어요." 라고 말하며, 아이가 말을 걸어오는 순간 정서적 연결보다는 부모가 생각하는 일의 효율을 먼저 생각한다. 부모의 신경계는 효율 중심의 사회에 맞게 짜여졌고 공감받은 경험도 드물기 때문이다.

찰스 두히그는 저서 『대화의 힘』에서 "의기투합하는 상대를 만나면 두 사람의 눈은 동시에 확장하고 맥박이 일치하며 비슷한 감정을 느끼고 머릿속에서 서로의 문장을 완성하기 시작한다. '신경동조(neural entrainment)'라고 알려진 이 현상이 사람을 기분 좋게 만든다."라고 말했다. 신경동조란 인간의 뇌가 특정한 패턴에 맞추어 동기화되는 현상을 말한다. 이는 사람들과의 상호작용에서 발생하며, 공감적 소통이 기초가 되어 유대감을 유발한다.

어떤 사람과 즐겁게 대화하고 깊은 친밀감을 느낀 적이 있다면 그날을 떠올려 보자. 당신은 아마도 '그래! 사는 게 이런 거지. 조금 더 힘을 내서 열심히 살아보자.' 하던 순간이 있었을 것이다. 대인관계에서 공감적 소통에 기반한 신경동조가 일어나면 삶의 의욕에까지 영향을 미친다. 마찬가지로 부모와 아이 사이에 신경동조가 일어나면 부모는 물론 아이도 즐겁고 편안하며, 하는 일에서 동기부여가 일어나고 유능감을 느끼게 된다.

부모는 아이의 말을 어떻게 들을 것인가

대화의 질은 관계의 질을 말한다. 관계의 질은 삶의 질과도 직결된다. 대화가 잘 통하는 사람이 주변에 많으면 인생이 즐겁다. 대화는 정서적으로 연결되고 공감받고 싶은 동기를 갖고 타인과 말을 주고받는 행위이다. 이 같은 동기를 가지고 다가오는 아이의 말에 부모가 어떻게 반응하느냐에 따라 신뢰가 생기기도 하고, 불신이 일어나기도 한다. 아이와의 대화에서 당신은 주로 어떻게 반응하는가? 다음 다섯 가지 듣는 방식을 살펴봄으로써 관계의 질을 점검할 수 있다.

첫째, 아이의 말을 무시하는 반응이다. '넌 떠들어라. 나는 모르겠다.'라는 식이다. 부모는 아이 말을 가치 있게 듣지 않는다. 그야말로 아이의 감정과 욕구를 무시한다. 무시는 정서적 방임으로 소통의 단절을 가져온다. 아이는 좌절과 슬픔, 외로움과 분노로 고통을 받는다.

두 번째는 '듣는 척'이다. 듣는 척하는 부모의 귀는 아이를 향해 있는 듯 보이지만 실상은 딴생각을 한다. '학원 갈 시간인데, 저러고 있네.' '저녁 반찬은 뭘 하지?' 하며 집중하지 않기 때문에 아이의 감정이나 욕구, 부탁의 내용을 이해하지 못한다. 아이는 부모에게 중요하게 받아들여지지 않는 것에 실망감을 느끼며 부모의 진정성 없는 태도에 신뢰를 잃는다.

세 번째는 선택적 듣기이다. 선택적 듣기는 아이가 말하는 내용 중 듣고 싶은 것만 듣는 것이다. 예를 들어, 아이는 선생님께 차별받은 억울함을 말하는데, 부모는 아이가 무엇을 잘못했는지에 초점을 두고 듣는다. 아이는 부모의 반응을 보고 "내 말은 그게 아니고." 하며 답답함을 느낀다. 결국 아이의 속마음을 알지 못하고 신경동조는 일어나지 않는다. 대화가 끝나도 찜찜함이 남는다.

네 번째는 적극적 경청이다. 이는 부모가 아이의 말을 적극적으로 듣고 상황을 파악하여 필요한 지원을 하려는 것이다. 아이는 적극적으로 들어주는 부모의 자세에 어느 정도는 안심하지만, 이성적인 부모의 태도로 감정적 연결이 일어나지 않아 정작 해소되어야 할 감정은 남아 있게 된다.

다섯 번째는 공감적 경청이다. 공감적 경청은 아이의 감정을 아이 입장에서 느껴 보려는 부모의 의도가 들어간다. 부모는 아이의 문제를 대신 해결하려 하기보다 아이가 느끼는 감정에 주의를 기울인다. 아이의 마음을 이해하려는 호기심을 갖고, 아이 말에 단순히 맞장구치는 것을 넘어 아이가 자신의 감정을 안전하게 말할 수 있도록 한다.

물론 상황에 따라 부모의 듣는 방식이 달라질 수 있다. 하지만 아이와 소통이 안 된다면 아이의 말을 주로 무시하거나 듣는 척, 혹은 듣고 싶은 말만 들었던 건 아닌지 돌아보자. 부모와 감정적으로 연결되지 못한 아이는 감정이 사나워지거나 말문을 닫기 십상이다. 그렇다고 모든 이야기를 공감해야 하는 건 아니다. 사실, 그렇게 하기란 불가능하다. 아이의 감정보다 문제 해결을 우선해야 할 때도 분명히 있다. 중요한 건 아이의 마음에 닿으려는 부모의 노력이다.

한 번씩 "지금 나는 어떤 방식으로 아이의 이야기를 듣고 있지?"라고 자문하며 자신을 관찰하자. 그리고 가끔은 자신의 반응에 따라 아이의 반응이 어떻게 달라지는지 호기심을 가져 보자. 아이의 이야기를 들을 때 부드럽게 눈을 바라보고, 가볍게 고개를 끄덕이고, "아! 그래?" 하고 호응하고, 부르면 가까이 가고, 아이가 말하는 동안 하던 동작을 멈추고 아이의 숨결에 주의를 기울여 보자.

아이 주변에 아이의 이야기를 깊이 들어 주는 사람은 드물다. 아이는 부모가 자신의 이야기를 잘 들어 줄 때 안정감과 행복을 느낀다. 아이가 말을 걸어오는 순간을 환영하자. 부모의 공감과 지지로 아이의 표정이 밝아지고 어깨가 반듯해지며 삶의 의욕으로 빛나던 모습을 당신은 분명 기억할 것이다. 그때 당신도 분명히 행복했다. 당신은 그런 순간을 다시 만날 수 있다. 기꺼이 아이의 신경계와 동조되려는 의지가 있다면 말이다.

7

(감정 판단)

"이게 그렇게
화낼 일이야?"

✗ 아이의 감정을 판단하지 마세요.

⇨ 쉽게 해소되지 않는 스트레스가 쌓이고
자기 의심이 자랍니다.

○ 몸의 감각에 주의를 기울여 아이의 감정을 돌봐 주세요.

초6 민희네 이야기다. 어느 날 저녁식사 때 민희 부모는 달걀프라이 두 개를 해서 하나는 민희에게, 하나는 동생에게 주었다. 달걀프라이를 받은 민희는 가만히 동생 것과 자기 것을 훑어보더니 말했다.

민희: "왜 내 건 쟤 것보다 작아?"

부모: "뭐가 작아? 다 똑같은 달걀인데!"

민희: (동생을 노려보며) "동생 같은 건 다 죽었으면 좋겠어."

부모: "민희야! 달걀프라이 이게 뭐라고, 동생한테 그런 소리를 하니? 아주 못하는 말이 없어. 그럴 거면 밥 먹지 마."

민희는 엄마 아빠의 말을 듣고선 숟가락을 식탁 위에 내동 댕이치며 더욱 매서운 눈초리로 동생을 노려봤다. 당황한 민희 부모는 지금 식사보다 중요한 일은 딸을 가르치는 것이라고 생 각했다. "민희, 너"로 시작한 훈계는 몇 분 동안 이어졌고, 따뜻 했던 달걀프라이는 식어 갔다. 민희 부모는 민희가 먼저 "동생 한테 나쁜 말 써서 잘못했어요. 다음부터 안 그럴게요." 하고 말 하면 "자, 이제 밥 먹자"라고 하고 싶었다. 그러나 민희는 "왜 나 한테만 맨날 뭐라고 해? 달걀프라이는 쟤가 더 큰데." 하며 대성 통곡을 했다. 민희가 자기 잘못을 깨닫기는커녕 격한 반감을 드 러내는 통에 부모는 난감할 뿐이다.

뜻밖의 이유로 폭발하는 아이의 감정에 적절히 반응하는 부 모라면 얼마나 좋을까? 민희 같은 상황에서 "엄마(아빠)가 보 니 동생 것보다 달걀프라이가 작아서 서운한 것 같은데, 혹시 그 런 거니?"라고 반응할 부모는 거의 없을 듯하다. 그럼에도 부모 는 노력한다. "먹는 것 가지고 그렇게 험한 말 하는 거 아니야." 라고 훈계도 하고, '이게 그렇게 화낼(울) 일인가' 싶어서 "뚝 그 쳐! 시끄러워." 하는 부모도 있다. 어이없는 웃음이 나거나 불편한 감정이 들어서 대면하고 싶지 않기도 하다.

사춘기 아이는 누가 들어도 공감할 만한 일로 울거나 화내지 않는다. 고향 잃은 서러움, 억대의 사기를 당한 배신감, 억울한 투옥 등은 공감하기 쉬울 텐데 말이다. 달걀프라이 하나에 온 집안이 살얼음판이 되니 아이가 원망스럽고, 부모로서 한계를 느낀다. 공감은 아이와의 관계를 발전시키고 아이의 내적 성장을 돕는 중요한 기술이다. 그러나 민희처럼 감정적으로 막무가내일 경우 공감은 쉽지 않다. 게다가 대화도 통하지 않는 순간이라면 어떻게 할까? 이때는 아이의 감정이 아닌 아이의 몸에 주의를 기울이는 방법이 있다.

우리의 몸과 마음은 연결되어 있다. 신경계는 감정에 따라 신체적 반응을 일으키도록 설계되어 있다. 앞에서도 말했듯, 공포나 분노를 느낄 때 '공격하거나 도망'가기 위해 스트레스 호르몬인 아드레날린과 코르티솔을 분비한다. 이때 심박수가 증가하고 호흡이 빨라지며 근육이 긴장한다. 역으로도 작용하여 신체가 감정에 영향을 준다. 몸을 바르게 하고 깊게 숨을 쉬거나 머리를 들어 하늘을 보면 안정감이 증가하고, 어깨가 뭉쳤을 때 피곤함을 느끼는 경우처럼 말이다.

민희는 지금 심장이 빨리 뛴다. 호흡도 짧다. 동생을 노려보느라 눈이 뻐근하다. 입맛을 잃은 입은 삐죽이 나와 있고, 어깨도 긴장되어 위로 올라가 있다. 주먹에는 힘이 들어갔고, 머리는

'뚜껑이 열리려고' 한다. 울 때는 목과 가슴에 통증을 느끼고 내장이 뜨겁거나 꼬이는 것 같다. 민희의 말과 행동에 관한 판단은 잠깐 내려놓고 열세 살 된 소녀의 몸에서 일어나는 감각에 관심을 가져 보자. 당신이 민희처럼 몸의 감각을 느낀다면 어떨 것 같은가? '너도 네 마음을 잘 모르면서 애쓰고 있구나! 안전한 사랑을 받고 싶다고 네 몸이 말하고 있는 거구나!'

민희에게 공감하기 이전까지 부모도 지친다. '지친다'라는 말로는 해소되지 않는 감정이 있다. 동생을 시샘하는 민희 마음을 달래지 못했고, 눈치 보는 작은 아이의 마음도 돌보지 못했다. 저녁식사 시간이 평안하지 못했다.

이때 몸은 말한다. 팔다리에서 맥이 빠지고 입꼬리가 내려간다. 가슴이 짓눌리는 것 같고 머리도 지끈지끈하다. "후~" 하고 큰 한숨이 나오기도 한다. 부모가 자신의 신체 감각을 알아차리는 만큼 아이의 감각도 존중할 수 있다. 존중은 공감으로 이어진다. 공감은 비난을 멈추게 하고 이해와 돌봄의 마음을 갖게 한다. 비슷한 상황을 다시 겪는다면 "이게 그렇게 울 일이니?"라고만 안 해도 공감은 반 이상 성공이다.

8

(행동 지적)
"부모한테 그게
무슨 버르장머리야."

✗ 행동만 지적하지 마세요.

　⇨ 부모와 아이 관계가 나빠집니다.

○ 아이의 행동이 아닌 마음에 주목하여 공감해 주세요.

아이들의 지나간 사춘기를 돌아볼 때 정말 후회되는 일이 있다. 그것은 '버릇없다'는 이유로 아이를 반복해서 나무란 것이다. 시간을 되돌릴 수 있다면, 아이의 행동을 지적하려는 의도는 내려놓고 아이 마음에 따뜻하게 주의를 기울이고 싶다. 아이도 힘든 시기를 보내며 부모에게 도와 달라는 사인을 보낸 것일 수 있는데, 나는 오로지 보이는 행동만 지적한 것이 지금까지 아쉽다. 이런 일은 앞에서도 잠깐 언급했지만 주로 아이의 늦은 귀가

시간 때문에 일어났다.

아이가 중학교 3학년 무렵, 정해진 귀가 시간은 밤 10시였다. 그보다 늦을 때는 미리 부모에게 연락해서 알리도록 했다. 그러나 약속은 거의 지켜지지 않았다. 연락 없이 늦는 날이 늘어갔다. 그럴 때 나는 아이의 마음이 궁금하지 않았다. '요즘 무슨 일이 있나? 연락 없이 늦는 날이 많아지네. 그리고 보니 최근에 대화도 거의 없었고 차분히 얼굴 본 지도 오래됐네.' 하는 돌아봄 없이 이렇게 같은 말만 되풀이했다. "네가 늦으면 집에서 엄마 아빠가 걱정하면서 기다리잖아! 정해진 시간에 들어오거나 늦으면 미리 연락하라고!"

이 말을 들은 아이는 '어쩌라고?'라는 태도로 짝다리를 하고 흰자위를 드러내며 옆으로 쏘아보는 게 아닌가. 그 모습이 왜 그렇게 건방져 보이고 밉든지. 옆에서 지켜보던 남편도 나를 거들었다. "부모한테 그게 무슨 버르장머리야?" 아이는 "내가 뭘?" 하며 싸울 기세였다. 이런 날이 몇 날이고 지속됐다. 우리 부부는 아이의 건방진 행동에 집착했고, 아이는 더욱 버르장머리 없는 행동으로 일관했다. 어쩌면 아이는 속으로 이렇게 생각하지 않았을까? '내 마음은 상관없고, 엄마 아빠는 고작 나의 행동만 보여? 그것만 지적하고 싶어?'

아이는 힘든 일만 있지 않았을 것이다. 밤늦게까지 친구들과 즐겁게 수다를 떨거나 시내를 누비며 늦는 날도 있었을 것이다. 공감만이 훈육의 능사는 아니므로 따끔하게 꾸중해야 할 때도 있다. 그렇더라도 조금 덜 감정적이었으면 좋았을 걸 그렇지 못했다. 사춘기는 감정의 뇌인 편도체 영역의 활성화로 부모의 무표정이나 중립적인 자극도 부정적으로 받아들인다고 앞에서 말했다. 감정을 조절하는 전두엽이 '공사 중'이므로 감정 조절이 취약하다. 또한 신체, 정서의 많은 변화로 내적 갈등과 스트레스가 많다. '약간'이라도 부드럽고 친절한 어른이 절실히 필요한 시기다.

그런데 '약간'의 친절, 그게 잘 안 된다. 왜일까? 솔직히 나는 아이의 건방진 행동을 꼬투리 삼아 아이에게 죄책감을 심어 주고, 내 뜻대로 통제하려고 했다. '이건 네가 잘못한 게 맞아. 그러니까 죄송하다고 해.' 하는 심산이 있었다. 비교도 했다. '나는 저 나이 때 안 그랬어.'라며 과거의 나와 아이를 비교했고, '아이는 부모 말을 들어야 해.'라는 당위성을 가졌다. 그러니 아이의 마음이 보일 리 없었고, 아이는 나의 행동 지적을 순순히 들을 리 없었다.

문제는 악순환에 있었다. 늦은 귀가 시간에 국한되지 않았다. 밥을 먹거나 공부할 때 번번이 아이의 행동이 내 눈에 거슬렸고, 아이는 보란 듯이 '건방지게' 엇나갔다. 시간을 돌이킬 수 있다면, 아이를 통제하고 비교하고 당위성을 갖는 대신 나 자신의 생각을 알아차리기를 바란다. '저렇게 버릇없는 행동을 내가 고쳐 주지 않으면 밖에서도 저럴 텐데.'라는 생각에서부터 꼬리에 꼬리를 무는 생각들을 "그만!" 하고 멈출 수 있기를 바란다. 그래야 있는 그대로 아이를 보고, 아이의 감정과 연결될 수 있다. 적어도 격하게 행동만 지적하는 일은 멈출 수 있기를 바란다.

십중팔구 아이가 못마땅한 날들은, 아이가 아니라도 나에게 다른 스트레스가 많았다. 친정엄마의 병세가 더 나빠졌다거나 옆집 아이는 공부도 잘하고 부모와 사이도 좋아 보이는 일들을 목격할 때였다. 나는 아이가 내 뜻대로 움직여 주는 것으로 통제감을 회복하고 싶었다. 그래서 아이가 공손했으면 하는 높은 기대를 했다.

부모는 아이를 위해서 부모 역할을 고민하지만, 아이는 부모를 위해서 자식 역할을 고민하지 않는다. 어른이 아이를 돌보는 건 순리다. 그러니 부모와 사춘기 아이 중에서 먼저 어른답게 행동해야 하는 사람은 부모다. 당신도 아이의 불손한 행동에 화가 날 때가 있을 것이다. 당장 아이의 행동을 고쳐 주고 싶은 때가 있을 것이다. 아이의 마음이 보이기보다 아이의 말투와 눈빛에서 마음이 상하는 날도 있을 테고 말이다.

십대 자녀에게서 경멸의 표정을 읽고 모멸감을 느낀다면, 어떤 부모라도 속이 상할 일이다. 그럴 땐 자신이 지금 무슨 생각을 하는지 돌아보고 "그만!"이라고 외쳐 보자. 그리고 이완반응을 끌어내기 위해 천천히 깊은 호흡을 두세 번 반복하자. 느리고 깊은 호흡은 부교감 신경계를 자극하여 심박수를 낮추고 긴장을 완화한다.

　아무리 이런 내용을 인지해도 막상 아이의 건방진 행동을 보면 진정하기가 쉽지 않다. 괜찮다. 그런 순간은 때로 고통스럽지만 자신을 수용할 기회다. 아이를 사랑하는 힘은 부모가 자신의 가장 고통스러운 감정까지 수용하는 데서 나온다. 자신의 감정을 먼저 다독이자. '나는 아이의 말투와 태도에 자극받는구나!' 아이의 내적 성장처럼 부모의 내적 성장 역시 쉽게 오는 것은 아니다. 살아 있는 경험을 통해 사춘기 아이를 존중하는 방법을 고민하는 당신은 진짜 사랑이 많은 부모다. 포기 없는 그 마음, 진심으로 존경한다. 조금 진정된 자신의 마음이 느껴지거든 아이에게 이렇게 다가가 보는 건 어떨까.

"엄마(아빠)가 보니까 요즘 기분이 안 좋아 보여. 무슨 일 있어?"
"요즘 지내기 어때? 혹시 힘든 일이 있지는 않아?"
"엄마(아빠)는 최근 너의 말과 행동이 좀 못마땅하다고 생각했는데, 그건 부모 입장만 생각한 것 같아. 엄마(아빠)의 어떤 점이 널 불편하게 할 수도 있을 것 같은데, 어때? 그런 점이 있으면 천천히 말해 줬으면 좋겠어."

9

(명령)
"너 이리 나와 봐."

✕ 잦은 명령을 참아 주세요.

⇨ 반항심이 자랍니다.

○ 다가가는 대화로 아이의 주체성을 키워 주세요.

민준이는 사춘기가 시작됐다. 민준이 아빠는 민준이가 자신을 대하는 태도가 낯설고 불편하다. 민준이는 부모 말에 대부분 고분고분했고 토를 달지 않던 아이다. 그러나 사춘기가 시작되고부터는 "왜 그래야 되는데? 싫어!"라고 하는 날이 늘었다. 아내의 불평도 잇따랐다. "아이한테 그런 식으로 말하지 말아요. 애가 나한테 와서 아빠 싫다잖아요."

민준이 아빠의 말투는 보통 명령투다. 민준이에게 할 말이 있으면 "너 이리 나와 봐."로 시작한다. 그리고 진심으로 민준이를 위해 말한다. 가령 성적이 떨어졌을 때 "성적이 뭐야? 공부 똑바로 안 할 거야?"라고 하거나, 스마트폰을 사용하는 모습을 볼 때는 "아빠가 뭐라고 그랬어? 스마트폰 하지 말라고 했지! 알아들었으면 '네' 하고 대답해." 하는 식이다.

사실 민준이 아빠도 자신의 말투가 적절하지 않다는 것을 알지만, 달리 어떻게 말해야 할지 모른다. 사춘기 아이들의 변화를 책이나 유튜브 영상을 통해서 보지만 말투를 바꾸기 쉽지 않다. 아내가 자신을 타박할 때면 화가 더 난다. 민준이 아빠가 무슨 말이라도 하면 가족 분위기가 어색해지니 점점 입을 다물고 지내는 날이 늘었다.

『정원사 부모와 목수 부모』에서 저자 앨리슨 고프닉은 부모의 양육 유형을 두 가지로 소개한다. 제목에서 알 수 있듯이 정원사 부모와 목수 부모이다. 정원사 부모는 아이의 고유한 생명력과 강점이 자연스럽고 아름답게 피어나도록 비옥한 토양을 만든다. 자기다움을 꽃피우도록 아이에게 자유를 주며, 다양한 경험을 통해 세상을 배울 수 있게 돕는다.

반면, 목수 부모는 자신이 원하는 완성품을 만들기 위해 재료를 잘라 내고 못을 박는 목수와 같다. 아이들을 부모가 디자인한 무언가로 '만들려고' 한다. 목수 부모가 안타까운 것은 그들이 만들고자 하는 아이가, 자신이 의도한 것이 아니라 세상이 규정한 인물이라는 점이다. 그 인물을 기준으로 아이의 개성과 가치를 재단하고 고정한다.

많은 부모가 민준이 아빠처럼 아이를 위한다는 이유로 목수 부모를 자초한다. 목수 부모는 아이의 자율성보다 부모의 성취와 목표에 중점을 두고 감독자가 된다. 아이의 실수와 실패를 수용하지 않으며 엄격하게 통제하려고 한다. 관리와 통제에 효율적인 말투는 "이렇게 해라." "이걸 해야 한다." 식의 명령이다. 이런 부모에게서 아이는 어떤 영향을 받을까.

명령은 명령을 내린 사람에게 책임이 따른다. 아이는 자기 주도성이 낮아지고 책임감을 배울 기회가 없다. 무의식중에 끊임없이 자신의 능력을 의심하며 고유성을 잃고 의존적이 되거나 반항한다. 민준이처럼 고분고분한 성향이라도 불만이 쌓이는데, 자기주장이 강한 아이는 부모와 심한 대립과 충돌이 생길 수밖에 없다.

그렇다면 목수 부모가 정원사 부모가 될 수는 없을까? 부모는 모두 정원사 부모가 되어야 하는 걸까? 양육 태도는 삶의 태도와 닿아 있다. 부모의 말투, 행동, 일상의 작은 결정까지 모두 삶의 태도에서 나온다. 목수 부모가 정원사 부모가 되는 일은 단순히 양육 방식을 바꾸는 것이 아니라, 삶의 태도를 바꾸는 일이기도 하다. 그리고 우리는 안다. 삶의 태도를 바꾸는 데 평생이 걸리기도 한다는 것을.

부모 한 사람이 가진 삶의 태도에는 세상에 받아들여지기 위해 끊임없이 옳고 그름을 판단하며 지나온 고독한 시간이 담겨 있다. 목수 부모의 양육 태도 역시 하루아침에 만들어진 것이 아니다. 그 안에는 다른 사람이 미처 살아 보지 못한 이야기가 있다. 무엇보다 목수 부모는 아이의 안전을 책임지고자 하는 높은 의지와 깊은 관심이 있다.

　그렇기에 목수 유형 부모에게 중요한 것은 '나는 달라져야 해.'라며 자신의 노고를 부정하는 일을 우선 멈추는 것이다. 목수 부모 역시 가족을 위해 최선을 다했을 터다. 그 점을 인정하자. 있는 그대로의 자신을 존중하고, 자신의 노고를 알아주자. 가족을 향한 존중은 결국 자기 존중에서 나온다. 그리고 할 수 있는 만큼 '약간'의 노력을 기울인다.

　약간의 노력이란 무엇일까? 약간만 아이에게 선택권을 줘 보는 것, 약간만 아이의 이야기에 귀 기울이는 것, '나도 못하는 게 있지.'라고 약간만 부모의 한계를 인정해 보는 것, 약간만 부모의 솔직한 감정을 표현해 보는 것 등이다. 그저 '약간'이면 된다. 아이는 그 지점에서 부모의 존중을 느끼며 부모가 바라는 정서적 안정 가운데 머물 수 있다. 다음의 몇 가지 예시를 참고해서 아이에게 다가가 보자.

명령의 말투	약간 부드러운 말투
너 이리 나와.	잠깐 거실로 나올 수 있을까?
화장 하지 마.	아빠는 화장한 모습이 낯서네.
밥 먹어!	식사 준비 다 됐다. 같이 밥 먹자.
하라면 해!	되도록 정해진 시간까지 하는 게 좋겠어.
떠들지 마라.	조용히 하자.
정신 차려 공부해! 알겠어?	요즘 공부하기 어때? 힘들면 다른 방법을 찾아보자.

얼마나 훌륭한 부모인가보다 중요한 것은, 부모가 자기 삶의 경험과 판단, 선입견과 한계를 뛰어넘어 아이를 있는 그대로 사랑하려고 부단히 노력하는 것이다. 위와 같이 말한다고 당장 아이가 달라지지 않는다는 것조차 수용하는 것이 노력의 일환이다. 가수 백예린이 부른 〈산책〉이라는 노래의 가사에 이런 구절이 나온다. "아무것도 바라지 않고 사랑을 주던 그가 보고 싶어지네."

어떤 부모로 기억되고 싶은가? 훌륭한 정원사가 아니어도 괜찮다. 투박한 목수여도 괜찮다. 아이에게 아무것도 바라지 않고 사랑을 줄 수 있는 마음은 늘 부모 안에 있다.

10

(비교)
"다른 집 아이는
안 그런다는데."

✖ 다른 아이와 비교하지 마세요.

⇨ 열등감과 불안이 커집니다.

⭘ 자신만의 고유한 장점과 개성을 알려 주세요.

아파트 엘리베이터를 탔을 때의 일이다. 할머니와 유치원으로 보이는 손주 둘이 타고 있었는데, 한 아이가 엘리베이터 숫자판을 보고 "1, 2, 3…" 하고 읽었다. 더듬거리기는 했지만 제대로 숫자를 가리켰다. 할머니는 이 기회를 놓치지 않으려는 듯 "아이고, 잘한다. 그래, 맞았어!"라고 칭찬했다. 옆에서 바라보던 다른 아이도 "나도, 나도" 하며 숫자판을 읽었다. 그러나 이 아이는 아무거나 짚어 가며 읽었다. 할머니는 "너는 틀렸어. 아니야.

아니야."라고 했다. 그 순간 내 마음속에는 이루 말할 수 없는 아쉬움이 몰려왔다.

철없던 유년 시절, 나는 언니가 죽기를 바랐던 적이 있다. 언니는 다소곳하고 못하는 게 없어 보였다. 공부도 잘하고, 그림도 잘 그리고, 글도 잘 쓰는 언니가 부러웠다. 내 기억에 아버지가 나와 언니를 대놓고 비교한 적은 없다. 하지만 나는 무의식중에 언니와 나를 끊임없이 비교하곤 했다. 언니가 잘하는 것은 나도 잘하고 싶었다. 그러나 넘을 수 없는 벽이었다. 언니보다 잘할 수 없는 글쓰기나 그리기 같은 것은 지레 포기했다. 무엇보다 아버지가 언니를 흐뭇한 표정으로 바라보는 것이 샘나서 참을 수가 없었다. 아버지의 사랑과 관심을 언니가 모두 받는 것 같아 슬프고 외로워 언니가 정말 미웠다.

이와 유사한 마음의 패턴은 곳곳에서 작용했다. 부모교육 신입 강사 시절에도 그랬다. 나는 강의를 잘하고 싶었다. 그래서 유명한 강사들과 나를 비교하며 흉내 냈다. 내가 아닌, 주목받는 강사들의 좋은 점을 조합하려고 애썼다. 그러면 유능한 강사가 되는 줄 알았다. 능력 차이를 느낄 때는 좌절도 많이 했다. 그러던 어느 날, 지도해 주던 선배 강사로부터 본인의 목소리가 아닌 것 같고 부자연스럽다는 피드백을 들었다. 잘하는 것처럼 보이기 위해 최선을 다했는데 부자연스럽다니. 자연스러운 '나만의' 목소리는 어디서 찾아야 할까. 나는 한동안 난감했다. 나의 목소리를 찾기까지는 시간과 노력이 필요했다.

『왜 나는 계속 남과 비교하는 걸까』의 저자 폴 호크는 사람은 각자 고유한 특징을 지니고 있어서 단 하나의 기준으로 평가할 수 없다고 말한다. 그 누구도 우월하거나 열등하지 않지만, 우리는 끊임없이 타인과 비교하며 스스로를 열등하게 여긴다. 가끔 느끼는 우월감도 열등감과 동전의 양면일 뿐이다. 중요한 것은 타인과의 비교에서 우월감이나 열등감을 느끼는 것이 아니라, '비교'를 어떻게 성장의 계기로 삼는가에 있다.

그 답은 타인과의 비교를 멈추고, 자기 자신과 비교하는 데 있다. 타인과 비교하는 습관은 우리를 끝없는 경쟁 속에 가두지만, 그 경쟁에서 이긴다고 해서 진정한 행복이나 자존감을 얻는 것은 아니다. 오히려 자신만의 기준과 목표를 세우고 이를 달성해 가는 과정에서 진정한 성취와 자아 발견이 이루어진다. 이렇게 어제의 자기 자신과 비교함으로써 오늘 성장하는 능력을 키우는 것은 내일의 희망을 품고 자라는 자아 형성의 중요한 단계이며, 이는 성인뿐만 아니라 아이들에게도 필수적이다.

이런 성장을 돕는 첫 번째 역할 모델은 바로 부모다. 부모가 자녀의 고유한 장점과 개성을 인정하고 격려하는 것은, 아이가 자기를 타인과 비교하지 않고 자기 자신과의 비교를 통해 성장할 수 있도록 돕는 중요한 기반이 된다. 이는 자존감 형성에 뿌리가 되고, 긍정적인 자아 정체감 형성의 기초가 된다. 아이는 부모에게 존재 자체로 인정받기를 원한다. 사랑과 관심을 기대하며, 열등감을 불어넣는 것을 바라지 않는다. '나는 누구인가'

라는 질문과 고민이 많은 사춘기 아이들은 부모의 작은 말 한마디, 미묘한 눈빛 하나에도 깊은 영향을 받는다. 그렇다면, 부모의 의도적인 비교의 말은 아이에게 어떤 영향을 미칠까?

"형은 고분고분한데 얘는 드세."
"동생은 공부도 잘하는데 너는 공부도 못하고!"
"애가 어려서 안 그러더니 크면서 점점 이상해져."

물론 부모의 의도는 비교 대상인 아이만큼 뭔가 잘 하기를 바라는 것이다. 그러나 아이는 열등감과 불안이 커지고 '나는 형 때문에 혼나는구나!' '나는 동생 때문에 사랑받지 못하는구나!' 처럼 적개심이 커질 뿐이다. 부모 마음속에 판단과 비교의 마음이 생긴다면 다음을 참고해 보자.

의도적인 비교의 말	내적 알아차림
형은 고분고분한데 얘는 드세.	우리 아이는 자신만의 방식대로 의견을 표현하고 있어. 자기주장이 명료한 것은 우리 아이의 장점이지. 경청한 후 불만이 있는 점은 나도 보완해야지.
동생은 공부도 잘하는데 너는 공부도 못하고!	우리 아이만의 속도대로 학습 스타일을 찾는 중이야. 학습 속도는 느리지만 활기찬 것은 또 장점이잖아. 도움이 필요할 수도 있으니, 상황을 알아보고 도움 될 만한 방법을 알려줘야겠다.
애가 어려서 안 그러더니 크면서 점점 이상해져.	크면서 이전과는 다른 변화는 자연스러운 거지. 차츰 자라면서 어떤 모습으로 성장할지 좋은 마음으로 기대해 보자. 아이가 긍정적 자아상을 갖도록 격려해야겠다.

위의 할머니가 의욕적으로 숫자를 세려고 시도하는 아이에게 "너는 틀렸어."라는 판단 대신 "오! 그렇지! 너도 읽을 수 있지. 몇 개만 더 배우면 더 잘하겠는걸!"이라고 격려하며 모르는 부분을 알려 줬다면 어땠을까? 스펀지처럼 어른의 말을 흡수하는 아이가 '나는 틀렸어.' 또는 '나는 못해.'라는 열등감을 품고 자라지 않기를 바란다.

사춘기 아이의
자기관리능력을 키우기 위한
대화의 정석

1

(친구와 덕질)
"친구가 밥 먹여 주냐?"

✗ 아이의 취향과 인간관계를 판단하지 마세요.

⇨ 부모에게 숨기는 일이 많아져요.

⭕ 사춘기 아이의 인간관계를 응원해 주세요.

〈J에게〉라는 노래를 부른 가수 이선희의 팬이 된 것은 80년 대 말 강변가요제를 보고 나서였다. 당시 나는 사춘기의 열기로 달뜬 나날을 보내고 있었다. 그녀의 콘서트를 보겠다며 '죽고 못 살 것 같은' 친구와 콘서트장에 가서 온종일 줄을 서고 열광하며 노래를 듣고 불렀던 때가 엊그제 같다. 만약 그 시기의 나에게 친구와 우상이 없었다면 어땠을까. 불안한 감정과 낮은 자존감 으로 어떻게 살 수 있었는지 생각하면 아득하기만 하다. 나는 나

의 전부를 좋아할 수는 없었지만, 좋아하는 누군가가 있어 나의
좋은 부분을 잃지 않고 성장할 수 있었다.

중2 유진이의 이야기다. 유진이는 모 가수의 '덕질'에 빠져
좋아하는 친구와 붙어 다니다시피 한다. 핸드폰에는 그의 사진
이 넘치고, 방에는 굿즈가 가득하다. 얼마 전에는 콘서트가 있었
는데 자정이 넘어 끝났다. 그 바람에 아빠가 콘서트장으로 마중
을 나간 적도 있다. 유진이 부모는 공부는 뒷전이고 친구와 몰려
다니라 바쁜 유진이가 걱정이다. 하루는 "친구가 밥 먹여 주냐?"
며 친구들과 같이 있는 곳에 찾아가 유진이를 데리고 왔다. 그날
이후 유진이는 집에 들어오면 예전처럼 더 이상 조잘대거나 가
족과 함께 밥을 먹으려고 하지 않는다.

사춘기 이전, 아이는 부모에게 '부처님 손바닥 안의 손오공'
이었다. 누구를 만나고 어디에 있는지 부모는 다 알 수 있었다.
그러나 사춘기가 시작된 이후로는 아이의 친구관계는 물론, 어
디서 무엇을 하는지 부모는 다 알 수 없다. 고작해야 학교와 학
원만 오가던 아이의 사생활에 변화가 생기면서 부모의 불안은
커진다. 모든 것이 친구 때문인 것 같고, 유명인이나 연예인에게
열광하는 모습은 언제 끝날지 알 수 없어 심란하다. 그러나 아이
는 시간이 지날수록 자신만의 인간관계와 행동반경을 넓힐 것
이고, 부모가 알 수 없는 일은 더 많아질 것이다.

여기서 부모가 알아야 할 중요한 개념이 있다. 그것은 '중간

대상'이다. 중간 대상이란 사춘기 아이가 성장하는 과정에서 자신의 정체성을 탐구하고 심리적 안정과 자기 발견을 돕는 역할을 한다. 친구, 연예인, 스포츠 스타, 음악, 미술, 운동, 종교, 선생님 등이 그 대상이 될 수 있다. 유아 때는 담요, 공갈 젖꼭지, 곰인형 같은 것들이 엄마를 대신하는 중간 대상이었다. 유아가 중간 대상을 통해 부모와 자신이 별개의 존재임을 알아 가며 독립심과 자아를 형성하는 것처럼, 사춘기 시기의 중간 대상은 그 역할을 한다. 유진이에게 중간 대상은 친구와 가수다.

사춘기 아이의 중간 대상은 부모가 줄 수 없는 자기 위안과 연결감을 준다. 아이는 부모에게 받는 스트레스와 압박에서 잠시 벗어나 중간 대상을 통해 에너지를 충전한다. 유진이는 학업의 부담과 부모의 걱정을 듣고 힘들 때면, 가수의 노래를 들으며 위로를 받았다. 시련을 이겨 낸 가수의 스토리에 매료되어 용기를 얻었다. 이는 중간 대상과 강한 연결감을 느끼며 가치와 태도를 내면화하는 융합 과정이다. 융합은 분화로 이어진다. 분화 과정을 통해 중간 대상과 자신은 별개라는 것과 자신만의 독특한 개성과 취향을 발견하며 커 가는 것이다.

어떤 부모는 말리면 더하고 싶은 마음이 든다고 생각해서 친구든 덕질이든 모른 척 지켜본다고 한다. 어떤 부모는 유진이 부모처럼 적극적으로 개입하여 뜯어말린다. 중요한 것은 아이가 부모 품에서 벗어나 성장해 가듯이 중간 대상과의 관계에서도 분화가 일어나도록 하는 것이다. 그러기 위해서는 자연스럽게 일어나는 것은 자연스럽게 일어나도록 관심과 사랑으로 지켜보는 것이 좋다. 그러나 유진이 부모처럼 중간 대상과의 융합이 공부에 방해가 된다거나 나쁜 친구들과 어울린다고 판단하면 아이를 지켜보기 힘들다.

부모의 판단은 아이의 정서적 필요를 무시하고 오히려 반발과 갈등을 초래한다. 부모는 '판단' 그 너머에 있는 아이의 건강한 내적 성장을 돕기 위해 아이의 관심사와 열정을 이해하고 존중해야 한다. 부모는 아이가 중간 대상을 통해 얻는 긍정적 측면을 인정하고, 이를 활용해 아이와 긍정적 관계를 강화해 나갈 수 있다. 예를 들어 유진이 부모라면 그 가수의 어떤 노래를 좋아하는지, 친구는 어떤 면에서 서로 통하는지 등을 이야기하고 공감대를 갖는 것이다. 유진이가 좋아하는 것을 부모가 함께 좋아해 주는 일은 유진이를 존중하는 일이기도 하다.

그러나 말이 쉽지 덕질을 하는 아이의 상황, 친구들과 보내는 시간을 지켜보다 보면 부모의 인내력은 쉽게 고갈되고 만다. 이럴 땐 최소한 아이와 중간 대상을 비난하지 않는 것에 인내의 초점을 둔다. 이 역시 쉽지 않다. 부모는 끊임없이 불안과 걱정이 올라올 것이다. 그럴 땐 자주 언급하는 바와 같이 호흡을 가다듬고 아이를 멀리 바라보자. 다음의 말을 참고로 아이의 안전을 고려하여 부모의 바람을 전한다. 바람의 요지는 부모를 위해서가 아니라 아이를 위하는 마음에 진정성을 담는다.

"약속 시간에 귀가하지 않으면 엄마 아빠는 걱정이 많이 돼. 어디에서 누구와 함께 있는지 미리 연락해 줬으면 좋겠어. 도움이 필요할 땐 바로 집으로 연락하고."

"네게 친구와 연예인이 정말 중요하다는 것을 알아. 하지만 네 일상의 균형도 참 중요한 일이지. 그건 '좋아하는 일'도 있지만 학생으로서 '해야 할 일'도 있다는 거야."

당신은 누군가를 좋아하면서 자기 몸과 마음을 가꾼 경험이 있는가? 드라마 〈나의 해방일지〉의 주인공 염미정은 마지막 대사에서 이렇게 말한다. "내가 너무 사랑스러워. 마음에 사랑밖에 없어. 그래서 느낄 게 사랑밖에 없어." 드라마는 자신의 내적, 외적 한계에 갇혀 마음을 닫고 살던 주인공들이 누군가를 진심으로 사랑함으로써 진정한 자유와 성장을 다룬 부분이 인상적이었다. 염미정은 어두운 과거를 가진 '구 씨'와 교류하는데, 이 둘은 서로 어떤 판단도 없이 서로를 '추앙'한다. 만약 이들의 부모가 간섭하고 통제했다면 어땠을까?

사춘기 아이가 친구나 유명인을 추앙하는 일은 서로의 좋은 부분을 비춰 주는 거울이 될 수 있다. 가슴은 뜨겁지만, 아직 이성적 판단이 부족한 시기인 만큼 아이가 자기 몸과 마음을 건강하게 가꿀 수 있도록 아이의 취향과 인간관계를 '약간' 존중하기를 바란다.

한편, 나의 감정은 어느 틈에 휘발된 것일까. TV에 나온 이

선희를 봐도 덤덤하다. 죽고 못 살았던 단짝 친구를 만난 지도 오래됐다. '이 또한 지나가지' 않는 것은 없다. 그러나 시간이 지나도 남는 것이 있다. 그것은 감사다. 내가 좋아할 수 있었던 모든 J에게 감사하다. 그들 덕분에 더 나은 사람이 되고 싶은 바람을 꺼뜨리지 않고 살 수 있었다.

2

(외모 평가)

"생긴 게 왜 저래?"

✗ 아이 또는 타인에게 '얼평'과 '몸평'을 하지 마세요.

  ⤷ 자신을 부정하게 됩니다.

O 긍정적 자아 이미지를 갖도록 말해 주세요.

"내가 못생긴 건 엄마 아빠 때문이야. 이렇게 못생긴 얼굴로 살
바에야 차라리 다시 태어나는 게 더 나아."

평소 가희는 이렇게 말하며 쌍꺼풀 수술을 해 달라고 부모
를 졸랐다. 가희의 성화에 못이긴 가희 엄마는 얼마 전 성형외
과에 가서 수술 날짜를 잡았다. 비용은 200만 원이 넘었다. 가희
아빠는 가희에게 "왜 예쁜 눈을 수술하려고 해? 안 해도 예쁜데!

성형 수술을 하더라도 졸업하고 해."라고 했다. 가희는 "싫어. 그럼 그 전에 죽을 거야."라고 했다. '우리 딸 저렇게 예쁜데 왜 성형 수술을 하려고 하나' 가희 부모의 심정은 착잡했다.

사춘기는 자아정체성을 확립하는 시기다. 이때 자신과 타인의 비교가 불가피하게 일어난다. 비교를 통해 자기다움을 찾기도 하지만 눈, 코, 키, 힘, 피부, 근육, 몸매 등 신체의 특정 부위를 타인과 비교하며 약점에 집착하기도 한다. 특히 주위에서 외모를 평가하고 그에 따라 사람들의 대우가 달라지는 것을 경험하다 보면, 성형 수술에 관심 갖는 계기가 된다. 그렇다고 모든 사춘기 아이들이 그런 것은 아니다.

어떤 아이는 어느 정도 관심을 갖다 다른 분야로 관심을 옮기거나 있는 그대로 자신을 받아들인다. 그러나 어떤 아이들은 그렇지 않다. 외과적인 수술로 외모에 변화를 줄 수 있다는 희망은 성형에 더 관심을 기울이게 한다. 이런 경우 관심사는 온통 성형이다. 달라진 외모를 상상하고 정보를 찾고 후기를 읽고 병원을 탐방한다. 비용 마련을 위해 아르바이트를 하기도 한다.

드물지만 부모가 먼저 아이에게 성형을 권하는 경우가 있기는 하다. 아이가 원한다면 해 주겠다는 부모도 있다. 그러나 대부분 부모는 성형 수술에 개방적이지 않다. 그럼에도 아이가 성형 수술에 대한 구체적인 계획과 바람이 크다면, 그때는 아이의 요구를 들어줄지 말지 고민하기에 앞서 먼저 부모 자신의 감정을 이해하고 수용하는 시간을 갖는다.

아이의 성형 수술은 여러모로 부모에게 근심을 안기는 일이다. 몸에 칼을 대는 것에 대한 부정적 인식, 학생이 어떻게 성형수술을 하냐는 선입견, '성괴(성형괴물)'가 되거나 성형중독에 빠지지 않을까 하는 걱정, 성형의 부작용과 의료사고에 대한 두려움, 외모에 지나치게 의존해 자존감을 세우려는 것에 대한 우려가 있다. 부모는 아이가 외모보다 진실한 마음이 더 중요하다는 것을 깨닫기 바라며, 더불어 외모에 신경 쓰기보다는 공부나 다른 실력을 키워 자아를 형성했으면 하는 바람도 크다.

이러한 부모의 마음을 접고 아이의 요구를 수용하기란 정말 어려운 일이다. 아이 때문이 아니라 자신의 감정과 욕구를 알지 못하는 이유로 부모는 더 괴롭다. 그 여파로 아이를 이해하고 수용할 수 없음은 물론이다. 아이의 요구는 강하고 부모는 마음의 준비가 되어 있지 않다면, 자신의 심적 고충을 전문 상담사 또는 믿을 수 있는 지인에게 터놓아 수용과 공감받는 기회를 가질 필요가 있다.

다음으로 요즘 청소년들이 처해 있는 현실을 이해한다. 대한민국은 '성형 공화국'으로 불린다. 해외에서 성형 원정을 오는 것으로도 유명하다. 외모 지상주의를 부추기는 광고는 부지기수이며, 유명하고 친근한 연예인들이 성형 후 달라진 점을 과시하고 성형외과를 광고한다. 외모에 관심 없는 사람도 이런 분위기에서 벗어나기 어려운데, 외모에 관심이 많은 아이에게는 더욱 자극될 수밖에 없다.

그러니 아이에게 무조건 성형 수술은 안 된다고 하거나 "그런 것에 관심 가질 시간에 차라리 공부를 해 봐라." 같은 말은 삼간다. 아이는 '내가 이렇게 중요하게 여기는 것을 부모님은 관심도 없고 하찮게 여기네.'라고 생각해 반발심이 생기고 더욱 집착하게 된다. 대신 가능한 만큼 아이와 대화를 시도한다. 대화의 내용은 다음을 참고하자.

"언제부터 성형 수술을 생각하게 되었어?"

"외모가 달라지면 어떤 기분이 들 것 같아?"

"엄마(아빠)가 알기에는 성형 부작용도 있다던데, 그 부분에 대해서는 어떻게 생각해?"

"너무 어린 나이에 하는 것은 결과가 좋지 않다고 하는데 적정 나이는 알고 있어?"

"비용은 얼마고 지급할 방법은 생각했어?"

"믿을 만한 병원 정보가 있다면 엄마(아빠)에게도 공유해 주기를 바라."

"원하는 결과가 안 나온다면 어떻게 할 생각이야?"

성형 수술을 하는 사람들이 모두 자존감이 낮고 성형중독에 빠지는 것은 아니다. 우리는 누구나 신체와 심리에 불편한 점을 개선하여 더 나은 삶을 살기를 갈구한다. 열등감을 보완해서 자신감을 회복하고 마음의 안정을 갖기를 바라는 것이다. 이렇게 적정 수준에서 성형을 올바른 도구로 활용할 수 있으려면 무엇보다 부모와의 대화를 통해 자신의 감정과 욕구를 파악하는 능력이 중요하다.

따라서 대화의 목적은 아이의 내면에 관심 갖고 정서적으로 연결되려는 것이다. 또한 아이에게 중요한 존재로서 수용받는 경험을 주는 것이다. 외모 열등감으로 자존감이 낮았던 아이라면 부모의 관심 어린 대화에서 안정감을 얻고, 자신의 선택을 신중하게 생각하는 기회를 맞기도 한다.

그러나 아이는 당장 성형수술을 원하고, 부모는 허락할 수 없는 시점이라면 어떻게 할까? 부모도 괴롭겠지만 아이의 욕구를 기억한다. 아이는 존재에 대한 인정, 외적인 성장, 외모 콤플렉스로부터 자유롭기를 바란다. 아이의 욕구를 존중하는 의미에서 "고등학교 졸업하면." 또는 "대학에 입학하면."과 같이 다음 기회를 약속하자. 이때 아이가 불만을 표현한다면 부모는 아이의 마음을 마음으로 이해하고 수용한다. 아이는 속상하고 아쉬울 만하다.

크리스틴 콜드웰은 그의 저서 『바디풀니스』에서 선진국 사람들 대부분이 상당히 어릴 적부터 끊임없이 몸에 대해 수치심을 내면화하는 경향이 있다고 지적한다. 수치심은 혐오를 불러온다. 가희만 그런 것이 아니라 신체 혐오를 강화하는 문화에서 자라는 아이들이 이 여파를 피하기란 쉽지 않다. 외모로써 존재를 혐오하기까지에 이른 세상에서 부모가 할 수 있는 일은 무엇일까?

아이에게 또는 자신과 주변 사람들에게 얼평(얼굴 평가)이나 몸평(몸 평가) 등을 하고 있지는 않은가? "키만 조금 더 컸더라면"이라든가 "눈이 커서 예쁘다."라는 말을 무의식중에 하고 있지는 않은가? 유명 연예인이 나왔을 때 "생긴 게 왜 저래?"와 같은 말을 하지는 않는가? 무심한 부모 말에 아이들이 영향받는 것은, 그것이 부모의 태도와 가치관에서 나오는 말일 확률이 높기 때문이다. 부모가 아니라도 외모를 중시하는 세상을 사는 아이들이다.

가랑비에 옷 젖듯, 사소하지만 반복적인 말은 아이에게 스며든다. 아이는 '사람은 외모로 평가받는 존재구나.'라는 인식을 부모와 세상으로부터 받을 수 있다. 평소 아이에게 "너는 있는 그대로 소중한 존재야."라는 메시지를 전하자. 동시에 가희 부모처럼 성형의 도전을 받고 걱정에 휩싸이는 순간조차 아이에게 마음을 열 수 있기를 바란다. 아이들에게는 보이는 외모의 기준을 넘어 그들의 마음과 내면을 진정으로 존중받는 경험이 더욱 필요하다.

（나다움）
"여자(남자)애답지 못하게."

✗ 여자(남자)다움을 강요하지 마세요.

⇨ 자신의 참모습을 거부하고
다른 성에 대한 혐오 의식이 자랍니다.

O 가장 소중한 '나다움'을 키워 주세요.

"남자라면 당연히 군대를 다녀와야지."

"가족의 생계는 뭐니 뭐니 해도 남자가 책임져야 한다."

"사내가 씩씩한 맛이 있어야지."

"남자는 세 번 운다."

"아빠는 나약한 모습을 보여서는 안 된다."

우리는 지금까지 이런 말을 셀 수 없이 들어 왔다. 이러한 말들은 성에 대한 고정관념에서 비롯된다. 우리 사회에서 흔히 볼 수 있는 이런 성차별적 고정관념을 인식하고 비판적으로 사고하는 것을 '젠더의식'이라고 한다. 젠더의식이 높은 사람들은 성별에 따른 차별과 불평등을 인식하고, 이를 극복하기 위해 평등과 공정성을 추구한다. 위의 글을 읽고 불편한 감정을 느꼈다면 그것은 높은 젠더의식이 작용한 것이다. 반면, 젠더의식이 낮은 사람들은 이러한 문제들을 중요하게 여기지 않거나 인식하지 못할 수도 있다. 다음은 낮은 젠더의식이 여성에게 적용된 말이다.

"암탉이 울면 집안이 망한다."
"여자애답지 못하게 왜 그렇게 덜렁거려?"
"여자는 남자를 잘 만나야지."
"공부를 못하면 얼굴이라도 예뻐야지."
"엄마는 현모양처가 되어야 한다."

나는 이런 성차별적인 말들이 내 삶에 어떤 영향을 미치는지 모르고 살아왔다. 오히려 당연하게 여겼다. 그러다 내가 나를 비난하고 '나다움'과 멀어진 삶을 살고 있다고 느낀 적이 있다. 열심히 살지만 늘 부족감에 시달리고, 무엇을 해도 좀처럼 만족감이 들지 않으며 끊임없이 '나' 아닌 다른 사람이 되어야 할 것 같은 강박관념에 시달렸다. 다른 사람에게는 감추려고 했지만 우울과 불안과 조급함이 늘 혹처럼 무겁게 따라다녔다.

어릴 적 어른들에게 이런 말을 자주 들었다. "인자가 아들이었으면 좋았겠다.", "계집애가 왜 이렇게 드세냐? 조신하게 굴어야지.", "여자는 고등학교 졸업하고 시집이나 잘 가면 된다." 나에게는 조신한 언니와 예쁘고 여자다운 친구들이 있었다. 그들은 나보다 다른 사람들의 사랑과 인정과 관심을 더 받는 것 같았다. 나의 활달한 기질은 누르고 그들처럼 여자다워지려고 애썼다. 그리고 내 능력 이상을 발휘해 부모님에게 인정받고 싶었다. 내가 아닌 다른 존재로 사는 것이 더 나은 삶인 줄 알았다.

나 자신을 소외시키고, 나 아닌 다른 사람이 되어야 한다고 생각한 데에는 부모님과 선생님, 일가친척과 매스컴의 영향이 컸다. 물론 '나다움'과 멀어지게 된 계기가 성차별적인 말에만 원인이 있는 것은 아닐 것이다. 그러나 나 자신을 부정적으로 의식하는 데 큰 영향을 끼쳤다는 것은 확실하다. '나답게' 사는 데 방해가 되는 요인을 알아차리려는 노력에도 불구하고 지금도 여전히 나는 여자답지 못하다고 판단하고 쉼 없이 인정받기 위해 애쓰는 것을 보면, 뿌리 깊은 신념의 잔재가 얼마나 질긴 것인지 깨닫곤 한다.

혹시 아이에게 무심코 하는 말 중에서 낮은 젠더의식에서 비롯된 말은 없었는가? 2022년 한국리서치의 〈젠더의식조사〉 결과에 따르면, 우리 사회의 젠더 갈등이 심각하다고 인식하는 비율이 68%에 달한다. 특히 연령대가 낮은 집단에서 이러한 인식이 더 강하게 나타났는데, 18-29세 응답자의 무려 79%가 우리 사회의 젠더 갈등을 심각하게 본다고 응답했다. 이 배경에는 성별에 대한 고정관념과 성차별적 태도가 있다. 이는 서로 다른 성에 대한 혐오 인식을 키우는 토양이 된다.

대단히 아쉽게도 십대 사이에서 통용되는 성차별적 혐오 발언에서 그들의 낮은 젠더의식을 엿볼 수 있다. '니 얼굴 실화냐', '니 에미', '꼴페미', '맘충', '창녀', '여자냐?'(여자한테), '게이냐', '상남자', '한남충', '화떡', '미친ㄴ' 등으로 어른들이 관여하기 어려운 수준이다.

장난삼아, 남이 하니까, 그냥이라는 이유로 혐오 발언을 빈번하게 듣고 발언하는 과정은 성차별적 신념으로 자리하게 된다. 신념은 편견을 형성하여 낮은 젠더의식을 갖게 된다. 낮은 젠더의식의 가장 큰 문제점은 낮은 자존감을 형성하게 되고 자신과 타인을 존중하는 태도를 갖기 어렵다는 것이다. 타인을 혐오하며 자신을 존중하는 사람은 없다. 청소년기에 문제의식을 갖지 않으면 훗날 청년기와 성인기가 되었을 때 직장과 사회에까지 영향을 미치게 된다. 대인관계에 어려움은 물론 다음 세대에까지 성차별적 인식이 이어진다.

요즘 아이들이 성차별적 발언을 듣는 경로는 부모 세대와는 다르다. 최근 1년 사이 성차별 콘텐츠를 접한 적이 있다는 청소년 응답자 가운데 어느 매체를 통해 접했는지 물었을 때 동영상 콘텐츠(유튜브, 숲, 틱톡 등)가 62%로 가장 높게 나왔다. 동영상 콘텐츠에 빈번하게 노출되고, 또래의 영향을 크게 받는 아이들의 특징을 고려할 때 '미디어 리터러시(media literacy)'가 절실한 시점이다. 미디어 리터러시란 미디어를 비판적으로 분석하고 이해할 수 있도록 돕는 것을 말한다. 당신의 아이와 함께 성차별적인 요소에 대해 다음을 참고해 대화를 나눠 보자.

"다른 성에 대한 이해와 존중이 필요한 거지. 이유 없이 미워하거나 깎아내리는 발언은 삼가면 좋겠어."
"남자라서 당연히 군대에 가는 건 아니야. 법과 제도는 상황에 따라 조정되기도 해."
"여자라서 살림을 도맡는다기보다 각 가족 구성원의 합의에 따라 역할을 맡기도 해. 요즘 〈살림남〉이라는 TV프로도 있잖아."

현재 우리 사회는 성차별적 인식에 대한 자정능력이 낮다. 학교에서 교사가 많은 학생을 지도하기에는 역부족이고, 부모마저 비판의식을 키워 주지 않으면 아이는 혐오의 인터넷 바다에서 허우적거릴 수밖에 없다. 부모가 먼저 젠더 교육에 대한 이해 수준을 높이고, 혐오 없는 세상을 물려줄 수 있는 노력을 기울여야 한다. 그러나 사춘기 아이 사이에서 그런 기회를 마련하기란 쉽지 않다. 그럼에도 관심의 끈은 놓지 말아야 한다. 관심은 교육의 기회를 포착할 수 있고, 부모가 마음에 담아 둔 차별 없는 성평등의 말이 나올 수도 있으니 말이다.

4장. 사춘기 아이의 자기관리능력을 키우기 위한 대화의 정석 무엇보다 가정에서 아들, 딸 가리지 않고 엄마 아빠와 부드러운 관계를 만드는 것은 서로 다른 성을 긍정적으로 느끼도록 하는 시발점이 된다. 존중하는 가족 분위기를 만들고 마음으로 염원하며 아이에게 말하라. "너는 너다울 필요가 있다. 너는 너로서 충분하다. 다른 사람이 되지 말고 너 자신이 돼라." 이런 말은 추상적이어서 아이가 어렵게 느낄 수도 있지만, 아이의 직관은 이해하고 받아들인다. 아이는 혼란을 겪을지라도 '나다움'을 만날 것이다. '나다움'을 찾은 아이는 사회적 편견에 영향받지 않고 건강하게 성장할 것이다.

'여자(남자)다움'에 대한 고정관념 대신 '나다움'에 이르도록 다음과 같은 말도 자주 들려주자.

"네가 좋아하는 것을 하고, 네가 되고 싶은 사람이 돼라."

"모든 일에 도전할 수 있는 용기를 가져. 성별은 네가 할 수 있는 일을 결정하지 않아."

"외모도 중요하지만, 내면의 아름다움을 가꾸는 일도 중요하지."

"너와 타인의 몸과 마음에 해를 끼치지 않는다면, 네 감정을 자유롭게 표현해도 좋아."

"어떤 취미든, 어떤 스포츠든 네가 좋아한다면 그것을 해 봐."

"학업은 너 자신을 위한 거야. 네 꿈과 목표를 위해 최선을 다한다는 건 멋지지."

"목표를 갖는 것은 성장하는 일이야. 네 꿈을 향해 나아가."

4

(성교육)
"아빠가 딸을
안아 보지도 못하니?"

✗ 아이가 원하지 않는 스킨십을 하지 마세요.

⇨ 성적 자기결정권이 약해집니다.

⭘ 아이의 '신체적 경계'를 존중하는 것에서
성교육은 시작됩니다.

맘카페 커뮤니티 사이트에는 사춘기 딸이 아빠에게 까칠하게 군다며 어떻게 하면 좋을지 묻는 글이 종종 올라온다. 아빠는 사춘기 딸을 서슴없이 안으려고 하지만, 딸은 아빠를 피한다. "아빠가 딸을 안아 보지도 못하니?"라며 서운함을 드러내는 아빠와 달리, 딸은 아랑곳하지 않고 아빠를 외면한다. 이를 지켜보는 엄마는 남편과 딸에게 뭐라고 해야 할지 난감하다. 비슷한 상

황은 아들과도 일어난다. 무심코 아들의 엉덩이를 토닥였다가 "변태야? 왜 남의 엉덩이를 만져?"라고 발끈하는 아들을 보고 충격 받았다는 부모도 있다.

이와 별개로 아이의 성교육을 고민하는 부모가 정말 많다. 사춘기는 성호르몬의 급격한 분비로 성기가 발달하고 성적 감각이 활성화되는 시기다. 이성에 대한 호기심이 증가하고 자신과 타인의 신체적 경계에 민감하게 반응한다. 그러므로 아이가 부모와의 신체적 경계를 의식하는 이 시기는 성교육을 할 수 있는 좋은 기회가 될 수 있다. 그러나 많은 부모는 성교육을 어떻게 해야 할지 자신이 없다. 성교육의 필요성을 잘 알고 있지만, 어떻게 접근해야 할지 몰라 더욱 답답하고 막막할 뿐이다.

당신은 청소년기에 올바른 성 정보를 제공받거나 성적 호기심에 대한 이해와 존중을 받은 경험이 부족한 채로 부모가 됐을 것이다. 그런 이유로 많은 사람이 자연스러운 성을 부정적으로 인식하고 은밀하게 성을 탐색하며 수치심과 죄책감을 느낀다. 그렇다 보니 아이 성교육에 자신 없는 건 당연하다. 여기에 더해, 인터넷으로 접하는 성적 이미지와 콘텐츠는 퇴폐적이고 왜곡되어 있다. 청소년을 성적 대상으로 여기고 청소년 간 성폭력과 음란물 중독까지 기사화되는 것을 보면 불안하고 혼란스러울 수밖에 없다.

중학생 A군은 친구들과 인터넷에서 접한 불법 영상물을 모방하여 교내에서 문제가 됐다. 이 사건은 학교 내 성폭력 문제로 확대되어 경찰 조사가 이루어졌다. 고등학생 B양은 SNS를 통해 알게 된 남학생에게 성적 이미지와 동영상을 요구받았다. 이를 거절하지 못한 B양은 결국 사진을 보냈고, 이 사진이 인터넷에 유포되어 심각한 성적 수치심을 느꼈다. 중학생 C양은 채팅앱에서 만난 사람에게 성적 착취를 당했다. 뒤늦게 부모가 알고 경찰에 신고하여 가해자가 체포되었지만, C양과 부모의 정신적 충격은 여전한 상태다.

경중의 차이는 있지만 이와 유사한 사건 사고는 끊임없이 일어나고 있다. 앞으로는 어떨까? 더하면 더했지, 덜하지는 않을 게 명백하다. 미래는 인터넷을 기반으로 세상의 모든 면이 더욱 빠르게 변할 것이다. 인간은 변화를 두려워한다. 부모는 성적인 부분에서 부정적 측면을 더욱 부각해서 느낄 수밖에 없다. 게다가 아이는 무려 호기심 많은 사춘기다. 여기에 필요한 해법은 분별력이다. 과거 부모의 경험을 딛고 성교육을 시켜야 한다는 당위가 아닌, 변화의 두려움에 위축되는 것이 아닌 분별력 있는 교육이 절실하다.

분별력은 옳고 그름을 구별하는 능력으로, 성적 행위에서 주체가 되도록 한다. 이는 성적 행위에서 수치심이나 죄책감을 느끼게 하는 것이 아니라 올바른 방향으로 나아가도록 돕는 힘이다. 분별력은 성적 자기결정권에도 영향을 미친다. 성적 자기결정권이란 성적 행위에서 자신의 선택과 결정을 자유롭게 하고, 이를 존중받을 권리를 의미한다. 따라서 아이가 성과 관련한 정보에 접근하고, 성폭력, 강제, 압박, 차별 등으로부터 피해를 인식하며, 성적 행위에 동의하거나 철회할 수 있는 권리를 갖도록 부모는 아이에게 분별력을 키워 주어야 한다.

아이의 분별력을 키우는 힘은 거듭 강조해도 부족함이 없는 아이의 신체적 안전과 정서적 안정에 있다. 앞서 언급한 사례는 모두 분별력이 부족한 데서 기인한 결과들이다. 다른 말로 아이들이 느끼는 환경이 안전하지 않은 데 원인이 있다. 단순히 가정 환경만을 말하는 것은 아니다. 지나친 교육열로 인한 스트레스와 금권만능주의에서 비롯되는 인간 소외 등 가정, 학교, 사회의 불안 요인이 커질수록 청소년들은 불법 영상물에 과몰입하거나, 타인의 은밀한 속내를 간파하지 못하고 쉽게 마음을 열다가 성적인 피해를 본다.

그렇다면, 부모가 아이의 성교육을 거창하게 생각하거나 두렵게 느끼지 않고 일상의 중요한 기회를 놓치지 않으려면 어떻게 해야 할까? 분별력을 키우는 성적 자기결정권은 어떻게 키워 줄 수 있을까? 그것은 아이의 어떤 선택과 결정에도 귀 기울이고 적절한 지지를 보내는 부모의 관심에서 나온다. 인간은 누구나 성적 행위를 일으키는 순간을 만나고 선택하고 결정한다. 올바른 선택과 결정은 한 번의 경험으로 완성되지 않는다. 어린 시절부터 꾸준히 쌓아 올린 경험이 누적되어야 부모가 곁에 없는 순간에도 분별력을 발휘할 수 있다.

그러기 위해 평소 아이에게 '나의 선택과 결정이 부모님께 받아들여진다.'라는 경험을 심어 주는 것이 중요하다. 가능한 한 아이가 어떤 옷을 입고, 어디를 가고, 누구를 만나고, 무엇을 먹고, 어떻게 공부할지에 대해 자신에게 영향력이 있다는 긍정적 경험을 쌓아 준다. 단, 한계 설정도 필요하다. 한계 설정이란 부모가 허용할 수 있는 아이의 행동 범위를 말한다. 아이의 안전이 우선이라는 것, 타인에게 신체적·정서적 피해를 주어서는 안 된다는 것, 그리고 공공장소에서 예의를 지키는 등의 사회적 규범을 지켜야 한다는 것 등을 간결하게 전한다.

서두의 예처럼 사춘기 아이를 아빠가 안아 주거나 엄마가 엉덩이를 토닥이는 일은 어떨까. 아이가 싫은 내색을 보이면 "아, 그렇지! 깜박했네. 미안." 정도로 말한다. 아이에게 스킨십을 시도할 때는 팔을 벌려 '안아 봐도 될까?' 하는 제스처를 보이거나 물어본다. 아이가 싫다고 하면 "아! 그래. 알겠어."라고 덤덤하게 수용한다. '싫다'는 아이의 말은 부모를 싫어한다는 뜻이 아니라 자신의 몸과 마음의 경계를 건강하게 세워 가고 있다는 뜻이다. 만약 스킨십을 허락하는 아이라면 가벼운 포옹이나 어깨의 토닥임이 좋다.

무분별한 성적 자극이 범람하는 시대에 불법 영상물에 대한 분별력 또한 반드시 키워 줘야 한다. 아이가 불법 영상물을 보는지 감시하고 꾸중하려는 것이 아니다. 부모는 아이의 불법 영상물 시청 여부를 거의 알 수 없고, 아이의 모든 일상을 감시할 수도 없다. 설령 아이가 보았다고 해도 아이의 잘못은 아니다. 인터넷 세상은 그저 어떤 정보라도 터치 한 번에 아이 앞에 열리는 것뿐이다. 홍수 끝에 마실 물 한 잔이 귀한 것처럼, 부모가 믿고 의지할 것은 넘치는 성적 자극 가운데서 생명수와 같은 사랑으로 아이를 보호하는 것이다.

"네 나이 때에 성에 대한 호기심은 자연스러운 거야. 이런 호기심을 올바른 지식과 정보로 채우는 건 매우 중요해. 예를 들어, 청소년성문화센터 같은 곳에서 도움을 받을 수 있어. 성적 호기심은 때로 불법 영상물에 관심을 갖게 해. 괜찮아. 누구나 그럴 수 있어. 하지만 반복적으로 시청하는 건 신중해야 해. 학교에서 배웠을지 모르겠는데 불법 영상물이란 법적으로 금지된 비도덕적이고 위법적인 영상을 말해. 불법 영상물이 만들어지고 유포되는 이유는 성적 호기심을 악용해 경제적 이득을 얻고 특정인을 협박하거나 괴롭히기 위한 거야.

불법 영상물은 성기의 결합을 강조해 성적 쾌감을 과장해. 성적 학대나 폭력을 미화하고 미성년자를 등장시키기도 하지. 그래서 불법 영상물은 법적으로 제조와 공유와 유통이 금지되어 있어. 불법 영상물은 대부분 윤리적으로도 문제가 많아. 대부분 타인의 권리와 존엄성을 침해해. '나 하나쯤 괜찮겠지.' 하며 시청하고 타인에게 공유하는 일은 그러한 행위를 지지하는 것과 마찬가

지인 거야. 당장은 아닌 것 같지만 피해는 나에게 돌아오기도 해. 잘못된 성 관념을 갖거나 강한 잔상이 남아 일상생활에 영향을 주고 모방 심리가 들기도 하거든."

부모마다 이런 말을 쉽게 할 수 있는 사람도 있고, 그렇지 않은 사람도 있다. 설령 이런 말을 잘 못하더라도 자신감을 잃지 말자. 자신의 힘으로 성교육을 하기 어렵다면, 전문 기관에 의뢰하는 것도 부모의 역량이다. 올바른 성교육을 고민하는 건 그 자체로 의미가 있다. 성을 상품화하고 수단시하는 어두운 면에서 아이를 보호하고자 하는 마음은 얼마나 귀한가. 부모가 아이에게 전하는 성교육은 이미 탄생 시점부터 지금까지 진행 중이다. 사랑으로 키워 온 만큼, 그 사랑을 믿고 아이 내면의 분별력을 믿자. 빛은 어둠을 이기는 것처럼 말이다.

5

(이성교제)

"벌써부터 무슨
이성교제야? 안 돼!"

✖ 무조건 반대하지 마세요.

⇨ 이성과 안전한 관계 맺기 기술을 배우지 못합니다.

⭕ 아이의 울타리를 존중하고, 적절한 거리에서 관찰하세요.

청소년의 이성교제, 부모의 역할은

가로등이 있지만, 사람의 형체만 보일 뿐 누구인지 분간하기 힘든 밤이었다. 집으로 가는 길목에서 교복을 입은 남녀 학생이 다정하게 손을 잡고 걸어오는 모습이 보였다. 이성교제를 하는 학생들을 종종 보니까 그러려니 했다. 얼굴을 알아볼 수 있을 정도로 거리가 가까워지자, '이런!' 학생 중 한 명은 우리 아이였다. 나는 당황하여 아이를 모른 척하고 지나갔다. '언제부터였지? 나도 모르는 사이 우리 아이가 이성교제를 하고 있었구나!' 생각이 많았지만, 집에 돌아온 아이에게는 선뜻 말을 꺼내지 않고 며칠을 보냈다.

많은 부모가 청소년 자녀의 이성교제를 염려한다. 그 배경에는 청소년기의 자연스러운 성 발달과 이성에 대한 호기심, 이를 자극하는 디지털 매체의 무분별하고 개방적인 성문화가 있다. 게다가 공부에 방해가 된다는 점도 불안을 키운다. 그러나 부모의 불안과 걱정과는 무관하게 이미 청소년들은 이성교제에서 성적 행위를 자연스럽고 긍정적으로 인식하며 자신들의 성문화를 형성하고 있다.

〈부산지역 청소년 성문화 실태조사(2021)〉를 보면 그 내용을 실감할 수 있다. 설문에 응답한 중고등학생 청소년의 53.6%가 연애 경험이 있다고 응답했다. 길을 지나다 마주치는 청소년 2명 가운데 1명은 연애 경험이 있다는 말이다. 연인과의 데이트 중에 경험한 성행동의 수준은 손잡기 64.3%, 껴안기 51.4%, 키스 22.3%의 순이었고(중복 응답), 성행동을 전혀 해 보지 않은 청소년은 17.5%에 불과했다. 반면 연인과 성관계를 경험한 청소년은 12.5%였고, 이들의 첫 성관계 시기는 사귀기 전 12.3%, 사귀고 한 달 안 40.4%, 3개월 안 21.1% 등 비교적 빠른 것으로 나타났다. 한편, 성관계 경험이 있는 청소년의 첫 성관계 연령대는 초등학교 고학년 8.8%, 중학교 재학 중 50.0%, 고등학교 재학 중 41.3%였다.

이러한 청소년 성문화가 부모에게 중대한 관심사가 되는 중요한 이유는 전두엽의 미성숙으로 아이의 자기관리능력과 대인관계능력이 아직 미흡한 데 있다. 옳고 그름의 분별과 자제력이 약한 아이들 대부분은 공부에 흥미를 잃고, 이성에게 푹 빠지며 부모와의 관계가 나빠지는 등, 일상의 균형이 깨지는 시행착오를 경험한다. 가벼운 만남도 있지만 감정 기복이 심한 시기인 만큼, 이성교제에서의 실망이나 갈등은 큰 심리적 충격으로 남을 수 있고, 자존감 저하와 우울증으로 이어질 가능성도 있다. 부모는 아이의 이성교제가 득보다 실이 많은 것을 뻔히 알기에 어떻게든 말리고 싶어진다.

그렇다면 과연 말리는 것만이 정답일까? 이성과 교제하는 청소년 아이에게 부모는 어떤 역할을 해야 할까? 다행히 아이가 개방적인 자세로 부모에게 이성친구를 소개하고 속마음도 이야기한다면, 부모도 거기에 맞게 아이에게 신뢰를 보낼 수 있다. "이름은 뭐야? 어떤 점이 마음에 들었어? 어떻게 친해지게 됐어?"처럼 아이가 누군가를 좋아하면서 갖는 긍정적 감정을 지지할 수 있다. 간혹 "그 친구는 요즘 어떻게 지내?"라고 안부를 묻고, 혹시 힘든 일이 있으면 언제라도 부모에게 와서 의논할 수 있도록 한다.

"네 나이 때 이성친구를 사귀게 되면 학업에 방해받는 경우도 있어서 엄마(아빠)는 그 점이 솔직히 걱정돼."라고 부모가 염려하는 점을 넌지시 전할 수도 있다. 사람마다 몸과 마음과 정신에 울타리가 있으니 말로든 힘으로든 그 울타리를 함부로 넘어서는 안 되며, 스킨십은 상대의 동의를 구해야 한다는 점도 알려 줄 수 있다. "최근 청소년들이 불법 영상물을 보고 모방하는 일도 있다고 하니까 불법 영상물 시청 조심하고! 노파심에서 하는 말인데, 서로의 신체를 촬영하거나 보관하는 일은 절대 없어야 한다."라고도 말할 수 있다.

만나고 헤어질 때의 마음가짐도 다음처럼 알린다. "사람은 일생 만나고 헤어지는 것을 반복하는데, 헤어질 때 잘 헤어지는 것이 지혜야. 좋은 이별을 하기 위해서는 평소 부드러운 말투를 사용하고, 자연스럽게 감정이 멀어지는 것에 대해 서로 이해해 줘야 해. 내 감정이 앞선다고 해서 나만 바라봐 달라고 한다거나 무력을 쓰거나 말없이 지내는 것은 삼가고 말이야."

이성교제에서 '울타리'의 중요성

나의 경험처럼 아이가 부모에게 말하지 않는 경우라면 어떻게 할까? 아이가 이성교제를 한다고 해서 부모에게 말해야 하는 것도, 부모가 반드시 알아야 하는 것도 아니다. 그러나 아이의 이성교제를 부모가 알고 아이에게 올바른 지침을 알려 주어야 한다는 말을 그동안 많이 들었을 것이다. 이것도 아이가 먼저 부모에게 열린 마음으로 다가올 때 가능한 일이지, 사춘기 아이들은 부모에게 말하지 않는 경우가 더 많다. 부모가 알아내려 해도 전부를 알 수는 없다. 여기서 부모는 아이의 이성교제에 개입할지 말지 고민하기보다 더 중요한 것이 있다.

그것은 아이가 부모를 안전하게 느끼도록 적절한 거리를 조율하는 부모의 노력이다. 이유는 이렇다. 누구와 관계를 맺든 다른 사람과의 사이에서는 스스로 울타리를 보호하고, 타인의 울타리를 존중하는 것이 중요하다. 아이도 이성교제에서 이 점을 알아야 한다. 사라 크로스비는 『5분 테라피』에서 "울타리란 자신의 감정, 심리, 에너지, 신체의 허용 한계를 말하는 것으로, 자신을 보호하고 관계에서 안전함을 느끼도록 도우며 어떻게 상호작용하기를 원하는지 깨닫게 한다."라고 했다. 즉, 부모가 아이의 신체 심리 정서의 울타리를 침범하지 않고 존중할 때, 아이는 이성과 성적 행동의 옳고 그름을 분간할 수 있다. 학생의 본분인 학업을 우선순위에 둘 수 있는 힘도 거기서 나온다.

사실, 부모가 아이의 이성교제에서 우려하는 행동의 대부분은 울타리를 스스로 지키지 못하거나 침범했을 때 발생한다. 나역시 우연히 알게 된 아이의 이성교제가 조마조마해서 불안한 시간을 견뎌야 했지만, 결국 내가 믿은 것은 아이의 '울타리'였다. 아이의 울타리를 존중할 때 아이의 신경계는 환경을 안전하다고 느껴 전두엽이 적절히 기능하며, 자기조절능력과 상호조절능력을 발휘할 수 있다. 따라서 부모는 아이가 도움을 청할 수 있을 만한 안전한 거리에서 무심한 듯, 그러나 세심하게 아이를 관찰할 필요가 있다. 그 관점에서 부모가 이성교제를 하는 아이에게 하지 말아야 할 일들이 있다.

첫 번째, 이성교제를 일방적으로 말리지 않는다. 아는 바와 같이 이미 청소년 아이들은 성인과 비슷한 수준으로 신체가 성숙했으며, 생리적인 화학반응은 인위적으로 막을 수 있는 것이 아니다. 이성교제를 통해 아이들이 충족하고자 하는 가장 큰 욕구는 정서적 연결이다. 부모의 억압은 아이들이 이성과 정서적으로 연결되고자 하는 바람을 더욱 부추기는 원인이 된다. 그럼에도 이성교제를 말리는 부모가 있다. 훗날 그에 따른 대가는 아무도 알 수 없지만, 아무리 부모가 아이를 위해서 하는 일이라도 부모에게 존중받지 못한 불신은 아이 마음에 오래도록 남는다.

두 번째, "공부를 잘하면 허락할게."라고 하지 않는다. 이성교제와 공부를 연결 짓는 건 부모로서 자연스러운 일이다. 아이가 이성교제로 인해 공부가 소홀해지지 않도록 조언하는 것도 부모의 역할이다. 그러나 이성교제를 위해 공부를 잘해야 한다는 압박은 아이에게 스트레스를 유발할 수 있다. 이는 공부에 대한 내적 동기를 상실하게 하고, 공부를 이성교제를 허락받기 위한 수단으로 여길 위험이 있다. 성적이 기대에 못 미칠 경우 실망감과 죄책감이 커질 수 있으며, 공부에 대한 보상이 이성교제가 될 경우 이성에 대한 건강한 접근 방법을 배우지 못하고 안정적인 관계를 맺는 데 방해가 된다. 대신 "학생의 본분은 공부고 이성교제는 나중에도 기회가 있으니, 우선순위를 가리는 것이 중요해."라고 당부하는 것이 바람직하다.

세 번째, 아이 몰래 SNS를 뒤지거나 만남의 현장을 따라다니거나 학교와 학원에서 지키고 있는 등 아이를 믿지 못하고, 아이의 사적인 영역을 통제해서는 안 된다. 이런 부모의 행동은 불안에서 비롯되는 것으로, 아이의 울타리를 심하게 침범하는 일이다. 사람들과의 갈등과 불신은 울타리가 무너졌을 때 일어나는 일들이므로, 이 같은 일들은 지극히 신중해야 한다.

부모와 자녀 사이의 신뢰와 존중은 아이가 이성과 교제하는 데 중대한 영향을 미친다. 당신은 아이가 이성에게 얼마나 호기심을 갖는지, 또는 아이의 성 인식과 행동이 얼마나 빠르게 변하는지 아직 경험하지 못했을 수도 있다. 어떤 부모는 지금 이 순간도 자녀의 이성교제로 인해 힘들어하고 있을지도 모른다. 앞으로는 어떨까? 디지털 기술로 성 인식이 급변하면서 어떤 일들이 벌어질지 우리는 알 수 없다. 어떤 변화라도 부모 세대와는 비교할 수 없을 만한 일들이 일어날 수 있다.

그러니 불안한 마음으로 아이를 부모의 울타리 안에 가두려고 하기보다, 열린 마음으로 변화를 수용하는 자세가 필요하다. 힘들더라도 약간의 여유를 가져 보자. 그래야 아이에게 옳은 것을 한 번 더 알려 줄 기회가 생긴다. 이는 아이를 위해서만 아니라 부모 자신에게도 이롭다. 이성교제로 힘들 때 아이를 위로하고, 삶의 다채로운 감정을 경험하는 아이를 지지하고, 안전한 관계를 맺으며 성장하는 아이를 안도하며 바라보는 것은 부모에게도 중요하기 때문이다.

6

(욕)
"부모 앞에서 할 소리야?
어디서 욕을 해?"

✘ 욕에만 초점을 두지 마세요.

  ⇨ 부정적 정서가 쌓여 악순환이 됩니다.

⭕ 아이의 스트레스와 쌓인 부정성을 풀어 주세요.

"우리 아이가 저에게 욕을 합니다." 부모교육이 끝나고 강의장을 빠져나갈 즈음이면 망설이듯 다가와 이렇게 상담을 청하는 부모들이 종종 있다. 강의장에서 만나는 부모뿐 아니라 내 주변 지인과 친구들에게서 받은 연락도 적지 않다. "우리 아이가 나한테 욕을 해. 어떻게 하면 좋아?" 이들의 고민과 질문이 아니라도 나 역시 아이에게 욕을 듣고 가슴이 무너졌던 때가 있다. 자식에게 욕을 듣는 부모 마음이 어떨지, 나는 그 착잡한 심정을

잘 안다.

아이가 어릴 때는, 욕을 하면 대부분의 부모가 따끔하게 꾸 짖었다. 아이도 그런 부모의 말을 들었다. 그러나 요즘 청소년들 의 욕은 걷잡을 수가 없다. 또래들과는 물론이고 일상에서 말머 리나 말끝에 욕을 달지 않으면 대화가 안 되는 것처럼 들리기도 한다. 예전처럼 "욕하면 나쁜 사람이야."라는 훈육은 더 이상 통 하지 않는다. 아이는 더 이상 어리지 않고 부모의 말을 무섭게 받아들이지 않기 때문이다. 중요한 것은 아이 스스로 때와 장소 그리고 대상을 가려 조절능력을 갖게 하는 것이다.

부모는 아이의 조절능력을 키워 주기 위해 가장 먼저 아이 의 조절능력에 신뢰를 갖는다. 아이는 조절능력이 없지 않다. 지 금까지 받아 온 가정교육과 공교육, 사회규범의 영향을 받은 아 이는 때와 장소, 대상을 분별할 줄 안다. 문제는 분별력을 넘어 선 자극의 범람이다. 아이의 학습 부담은 늘어나는 데 반해 이를 해소할 방법은 부족하다. 그 때문에 쌓여 가는 부정적 감정, 욕 설이 난무하는 드라마와 영화의 잦은 시청, 청소년들이 자주 접 하는 유튜버들의 무분별한 비속어 사용 등은 문제를 더한다. 모 방 심리가 강한 청소년들이 이러한 환경에서 욕설을 사용하지 않는 것이 도리어 이상하게 들릴 정도다.

'욕을 하는 아이'가 아니라 '욕의 자극을 많이 받는 환경에 있는 아이'가 더 적합한 표현일 것이다. 아이들은 원래부터 욕을 하고 싶어 하지 않았다. 그러나 환경의 영향을 스펀지처럼 받아 들이는 아이는 그 언어를 모방하고 표현할 수밖에 없다. 그러니 "너! 어디서 욕을 해?"라고 아이를 비난하는 대신, 아이의 조절력을 믿고 나-전달법으로 부모의 바람을 짧게 말한다. "엄마(아빠)는 네 입을 통해 욕을 듣고 싶지 않아. 엄마(아빠)가 듣는 자리에서는 삼가면 좋겠어." 또는 "여기는 할머니 댁이야.", "공공 장소에서는 말을 조심해야지."처럼 상황을 자각하도록 알려 줄 수 있다.

부모에게 직접 욕을 하는 아이는 어떻게 하는 것이 좋을까? 아이에게 욕을 들었다는 어느 부모는 이렇게 말했다. "저는 정말 평생 욕이라는 걸 입에 담아 본 적이 없어요. 아이에게 험한 말을 한 적도 없고요. 그런데 우리 아이가 저에게 욕을 하다니요…." 부모가 주의를 기울여야 하는 것은 아이의 말이 아니다. 아이 내면에서 일어나고 있는 불안과 공포, 응축된 스트레스가 아이의 몸과 마음에 어떤 영향을 끼치고 있는지를 봐야 한다.

이때 아이의 욕은 '내가 너무 힘들어요. 나를 좀 가만히 두라고요.'라는 심적 고통을 격하게 표현하는 것이다. 그래도 당신은 "어른 앞에서 욕을 하면 안 된다."라는 판단이 먼저여서 아이를 훈육하고 싶을지 모른다. 그럴 수 있다. 그렇다면 이런 비유는 어떨까. 아이는 지금 맹수에게 쫓기는 어린 사슴이다. 절박한 상황에서 살아 보겠다고 외치는 소리가 욕이다. 내 아이가 맹수에

쫓긴다면 가장 먼저 보호하고 돌봐야 할 사람은 부모다. 그런데 부모가 아이를 쫓는 상황이라면, 당연히 부모가 멈춰야 한다.

상담을 청한 부모는 게임하는 아이의 컴퓨터 전원을 말없이 껐을 때 아이에게서 욕을 들었다고 한다. 아이가 격하게 흥분하며 "아 씨발년아"라고 했다는 것이다. 부모는 "그게 할 소리야? 게임이 그렇게 중요해?"라고 했다. 내 친구의 경우는 아이가 원하지 않는 해외 유학을 보냈다. 아이는 반발심이 컸고 끊임없이 한국으로 돌아가기를 바랐다. 내 친구는 "다 너를 위해서 그러는 거야. 엄마도 힘들지만 참잖아. 너도 좀 참아 봐."라고 아이의 바람을 억눌렀다.

그렇다. 부모는 아이에게 욕을 가르치지 않았다. 그러나 아이의 힘겨운 감정도 이해하거나 수용하지 못했다. 부모의 옳은 말, 바른 말, 희생자를 자처하는 말로 아이가 느끼는 힘겨운 감정을 진정시킬 수 없다. "내가 너한테 나쁜 짓을 가르치는 것도 아니고 욕을 하는 것도 아닌데, 넌 정말 나쁜 아이다." 이렇게 아이의 감정을 무시하는 부모의 도덕적 판단의 말 역시 아이의 신경계를 위험한 상황으로 빠뜨리고 좌절을 안긴다.

그러니 욕 자체에 의미를 두지 말아야 할 때가 있다는 것을 알기 바란다. '오죽하면, 부모에게 욕하는 것이 잘못인 줄 아는 아이가 이런 말까지 할까.'라고 작은 연민을 가져 보자. 부모는 아이에게 어떤 자극을 주었고, 부모의 태도는 어땠는지도 돌아

보자. 또한 아이가 혼자 감당하고 있는 심한 스트레스는 없는지 세심한 관심을 가져 보자. 아이는 부모에게 욕을 했다는 죄책감에 자신의 진짜 마음을 몰라주는 부모에 대한 서운함과 답답함까지 겹쳐 몹시 힘들 수 있다. 부모 마음도 괴롭기는 마찬가지만, 더 나은 성장의 물꼬는 부모가 내야 한다. 아이는 자신의 감정을 표현하는 대화 방법을 배운 적 없고, 감정을 이해하고 수용하는 어른은 부재하며, 스트레스가 많다. 그런 아이의 상황과 감정을 '약간만' 이해하자.

사춘기 아이가 부모에 대한 예절을 기억하고 조절능력을 발휘하는 힘은, 부모가 아이의 감정을 이해하고 수용하고자 하는 노력에서 나온다. 부모 먼저 흥분을 진정하고 아이를 부정적으로 자극하는 일을 줄이자. 부모가 아이를 사랑해서 하는 일이라도 아이가 사랑받는다는 느낌이 중요하다. 나도 아이에게 욕을 들었을 때 아이를 나무라기에만 급급했다. 상황은 조금도 나아지지 않았고 악화될 뿐이었다. '내가 뭘 잘못했기에 아이가 저렇게 패륜적이 되어 갈까?'라는 생각이 들 때면 자괴감의 늪에서 헤어 나오기 어려웠다.

그러나 시간을 믿었다. 아이에게 쌓인 부정성이 중화되려면 시간이 필요했다. 내가 아이에게 주는 부정적 자극을 멈춘 시점에서부터 긍정적 신경망이 구축되기까지의 시간 말이다. 나는 2장에서 말한 바 있는 명상과 깊은 호흡으로 몸과 마음을 이완하고, 긍정성 회복으로 나의 신경계가 안전한 환경에 있도록 했다. 옳은 말로 포장하여 아이의 감정을 소홀히 여겼던 언어폭력도 줄였다. 자극을 바꾸면 반응도 달라지는 것 아닌가. 이제 우리 아이는 욕을 하지 않는다. 아이의 조절능력에 감사하고, 그것에 조율할 수 있었던 나의 노력에 감사한다.

7

(소비)

"너 그 돈이
어떤 돈인 줄 알아?"

✗ 부모의 욕구를 돈으로 표현하지 마세요.

⇨ 스트레스를 받고 비합리적인
소비패턴이 생깁니다.

O 아이 욕구의 타당성을 인정하고 자기 절제력을
키워 주세요.

그 돈이 어떤 돈인 줄 알아?

어느 날, 사춘기를 지나 성인이 된 아이에게서 원망 섞인 말
을 들었다. "필요한 곳에 돈을 쓰려고 해도 어릴 때부터 엄마 아
빠한테 아껴 쓰라는 말을 많이 들어서 '내가 뭘 잘못하고 있나?'

싫어 마음이 불편해. 그리고 더 저렴한 곳을 찾느라 시간 낭비하는 게 힘들어." 나는 그 말을 듣고 '내가 물려주고 싶지 않은 것을 아이에게 물려줬구나.' 하는 생각이 들어 미안하고 씁쓸했다. 나 역시 같은 고민이 있었기에 그것이 얼마나 큰 스트레스인지 잘 안다. 아이는 그러지 않기를 바랐는데 이미 스트레스를 받고 있었다.

돌아보면, 아이가 그렇게 말하는 데는 이유가 있었다. 나와 남편은 아이에게 돈 씀씀이에 대한 스트레스를 주곤 했다. 마땅히 지출해야 할 항목에도 "너, 그 돈이 얼만 줄이나 알아?"라는 말을 덧붙였다. 특히 새로 산 문제집이 그대로거나 학원을 빠질 때 더 그랬다. 그런 일이 있으면 "요즘 문제집이 밀려 있던데, 혹시 힘들거나 어려운 게 있니?"라고 아이의 마음에 관심을 두기보다 화를 내고 짜증을 냈다. '부모는 먹고 싶은 거, 사고 싶은 거 참고 학원비를 대는데, 애는 그게 어떤 돈인 줄도 모르고 허투루 여기네.' 싶었다.

사춘기 때 아이는 "용돈이 항상 부족해."라며 불평했다. 이 때도 관심 갖고 용돈을 조정하기보다 "벌써 다 썼어? 아껴 써야지."라고 아이의 요구를 무시했다. "합리적인 소비를 해야지. 불필요한 낭비를 하는 건 옳지 않아."라며 충고도 했다. 나의 말은 맞았다. 그러나 아이에게 공감하지 못한 '맞는 말'은 "너보다 돈이 더 소중해."라는 메시지가 되어 상처를 주었을 것이다. 물론 아이보다 돈이 더 소중한 건 아니었다. 분명 아이를 위해 돈을 벌고 쓴다. 나는 아마도 나의 불합리한 소비패턴을 불신했고, 아이도 그럴까 봐 미리부터 걱정한 것 같다.

하루는 아이가 사고 싶어 하는 겨울 패딩을 살 때였다. 나는 아이에게 "예쁘게 잘 어울린다."라는 말 대신 인상을 쓰고 한숨을 쉬었다. 훗날, 아이가 말했다. "내가 아는 어떤 연예인은 부모님의 경제 형편이 어려웠대. 그래도 부모님이 자신의 기를 살려 주기 위해 값비싼 패딩을 사 준 것을 알았고, 더 열심히 노력해서 성공하고 싶었대. 감사해서 말이야. 그런데 엄마, 아빠는 반대로 눈치 주고 한숨 쉬고…. 나 정말 그때 너무 서운했어. 그래서일까. 나 스스로 보상심리가 생겨서인지 용돈이 좀 생기면 충동적으로 소비할 때가 있어."

합리적인 소비의식을 키우는 힘

합리적인 소비의식을 함양하는 일은 청소년기에 꼭 필요한 일이다. 이때 형성된 소비패턴은 성인기까지 영향을 미치기 때문이다. 합리적인 소비란 경제적 자원을 필요와 가치에 부합하도록 예산을 세워 지출하는 것을 말한다. 이것은 불필요한 물질적 충동이나 일시적 만족을 위한 소비에서 벗어나 장기적으로 경제적 안정감을 추구하도록 한다. 지금의 아이들이 미래의 주

소비자가 되므로 사회와 경제에도 영향을 끼친다. 무엇보다 자신의 욕구를 충족하는 데 합리적 지출을 하고 스트레스를 조절할 수 있다면, 삶의 질도 달라질 것이다.

그런 면에서 우리 아이가 돈의 씀씀이에서 죄책감과 보상심리가 드는 건 애석한 일이다. 합리적인 소비라는 명목으로 아이의 감정과 욕구를 무시했고, 안 쓰는 것이 미덕인 양 나와 남편이 돈에 대한 선입견과 스트레스를 아이에게 안겨 줬으니 말이다. 소비는 감정이 하는 일이다. 어른도 충동적으로 물건을 사서 후회하거나 소비 욕구를 무시할 때가 있다. 이럴 때는 이성적인 판단이 약해지고 피로와 죄책감이 쌓인다. 반대로, 합리적인 절제력을 발휘하여 만족스러운 소비를 하는 사람도 있다.

부모가 바라는 것은 이것이다. 합리적인 절제력으로 후회와 죄책감 없는 적절한 소비력. 아이에게 이런 능력은 어떻게 키워 줄 수 있을까? 이것은 아이의 감정에 공감하고, 욕구를 존중할 때 나온다. 가령, 아이가 고가의 신발을 사 달라고 하는 경우를 보자. "학생이 이렇게 비싼 신발을 신니? 싸고 좋은 신발이 얼마나 많은데."라고 하기보다, 존중 어린 호기심으로 "신발이 네 마음에 드는 모양이네. 이 신발이 특별히 마음에 드는 이유가 있어?"라고 묻고, "네 말을 들으니 갖고 싶기는 하겠다."라고 아이의 감정과 욕구를 인정한다.

만약 살 수 없는 형편일 경우에는 어떻게 할까? 돈이 여유가 없거나 부모가 마음에서 우러나지 않는 경우라면 "지금은 이 신발을 사 줄 형편이 안 되지만, 네가 왜 이 신발을 갖고 싶은지 이해해. 지금은 지출이 많은 시기라 한 달 후에 사면 어떨까 싶은데, 괜찮아?"라고 대응한다. 또는 "엄마(아빠)는 이 신발이 네게 필요할 거라고 생각하지만 솔직히 가격 때문에 망설여지기는 해. 일주일만 생각할 시간을 가져도 될까?"라는 말로 다가간다. 아이가 수긍하면 "고맙다."라고 표현하고, 불편한 기색을 보이면 "그래, 너는 그럴 수 있지. 하지만 안 사려는 게 아니니까 며칠만 기다려 주면 좋겠어."라고 답하고 약속을 지킨다.

부모는 항상 지갑에 돈을 두둑이 넣어 두고 아이의 지출을 기다리는 사람이 아니다. 아이도 당장 원하는 물건을 산다면 기분은 좋겠지만, 그것만이 능사는 아니다. 부모의 생각을 듣고 공감하며 기다리는 것도 필요하다. 다만, 아이는 대체로 아는 것 같다. 부모가 돈이 있는데도 자신보다 더 돈을 우선하는지, 돈이 없는데도 아이의 마음을 알아주고 유연한 방법을 찾아보려는지를 말이다. 부모는 아이가 소비하고자 하는 물건에 대한 존중이 아니라 물건을 갖고 싶어 하는 아이의 마음에 타당성을 인정하고, 외면하지 않는 것이 중요하다.

돈을 쓰고 물건을 소유하려는 행위 뒤에 있는 아이의 마음을 들여다보자. 아이가 무분별한 소비습관을 갖거나 절제력이 사라진다고 앞당겨 걱정하지 말자. 내가 그랬듯 쉬운 일이 아닌 것을 안다. 인간의 보편적인 심리는 상대로부터 존중받으면 상대가 원하는 걸 지켜 주고 싶어 한다. 여기서 '상대'는 부모다. 아이의 욕구를 존중하는 부모는 아이로부터 존경을 받는다. 사춘기 아이에게 부모를 존경하기를 바라는 게 무리라면, 부모를 좋아하는 마음이라 생각하면 어떨까. 부모를 좋아하는 마음이 있다면 아이의 올바른 소비패턴과 절제력은 차츰 자라날 것이다.

8

(방정리)
"이게 사람 방이야?
돼지우리지!"

✗ 방정리로 아이의 인격을 깎아내리지 마세요.

⇨ 정리 정돈에 대한 의욕을 잃거나

강박을 느낍니다.

O 정리 정돈의 효용성과 방법을 천천히 알려 주세요.

부모교육에 온 부모들이 어질러진 아이의 방을 두고 이렇게 하소연할 때가 많다. "TV프로 〈세상에 이런 일이〉에 나온 딱 그 방이에요!" 단순히 방정리가 안 되어 있다거나 방이 지저분하다 수준을 넘어 상식적으로 이해할 수 없을 정도로 방이 초토화되는 사춘기 아이들이 있다. 사실, 우리 아이 방이 그랬다. 첫째 아이는 사춘기라도 방이 어질러진 모습을 거의 본 적이 없다. 그

러나 둘째아이는 유달리 방이 지저분했다. 안 그러던 아이가 그러니 정말이지 아이 방을 볼 때마다 탄식이 절로 나왔다. 어쩌면 나도 이 말을 수 없이 반복했는지 모른다. '세상에 어찌 이런 일이!'

새로 빤 옷가지와 외출하고 돌아와 벗어 놓은 옷이 여기저기 널브러져 있거나 숟가락이 옷에 들어가 있고, 교과서와 신발 주머니가 나란히 침대에 뒹굴어도 아이는 무관심하다. 넓은 침대에 옷가지를 쌓아 놓아 침대 끝에서 웅크려 잔다며 속상해하는 부모도 있다. 아이의 방이 이렇다면 함께 사용하는 욕실이나 거실, 주방은 안 봐도 훤하다. 아이가 휩쓸고 간 자리에 지저분한 흔적이 그대로 남는다. 머리카락을 정리하지 않거나 수건과 드라이기가 제 위치에 있지 않고, 뚜껑이 열린 반찬 그릇들이 식탁 위에 어수선하게 펼쳐져 있는 경우도 흔하다.

우리 집 두 아이가 똑같지 않았듯, 모든 사춘기 아이의 방이 어질러지는 것은 아니다. 안 그러던 아이가 그러는 데는 대체로 뇌의 리모델링에 답이 있다. 앞서 말했듯 사춘기 아이들의 뇌는 새롭게 배선이 짜여지는 과정에 있다. 어수선한 도로공사 현장을 생각하면 이해하기 쉽다. 옳고 그름과 감정의 조절과 통제가 어려운 시기에 아이들은 무엇을 우선해야 하고, 자신이 한 행동이 어떤 결과를 가져오는지 심사숙고가 부족하다. 당장 만족을 추구하는 충동성이 높아 자신의 목적에만 충실하고 싶어 한다는 점도 이유다. 한시적 특징으로 지나갈 것인가, 부정적인 행동으로 고착될 것인가는 부모의 태도에 따라서도 달라질 수 있다.

"아휴, 이게 사람 방이니, 돼지우리지?"

"맨날 방을 어지럽히고 언제까지 이런 식으로 할 거야?'

"맨날 이런 식으로 집을 어지럽히면 나는 치우는 사람이니? 아주 지겨워 죽겠어. 나중에 군대 가서도 이럴래?(시집가서도 이럴래?)"

특히 이런 비난은 지저분한 방과 아이를 동일시하여 아이의 인격을 깎아내리거나 정리 정돈에 대한 부정적 인식을 심어 줄 수 있으며, "아, 어쩌라고?" 하는 아이의 반감을 일으킬 수 있다. 지금 일어난 일로 훗날 아이의 미래까지 부정적으로 예측하여 말하는 것은 아이의 신뢰를 잃게 만들고, 관계의 부정성이 쌓이게 된다. 아이가 부모의 이런 말을 듣고 정리 의욕이 생기지 않는 것은 당연하다.

어른도 그럴 때가 있다. 우선 관심이 가는 일이 있거나 급한 일이 있으면 집안일 또는 마땅히 해야 하는 일마저 미룰 때가 있다. 이때 누군가 자신을 비난하며 "정리 좀 하지!"라고 한다면, 반감이 들어 하려던 마음도 사라질 것이다. 아이도 다르지 않다. 사춘기 아이는 지금 우선하는 관심 분야가 방이 아니다. 부모가 특히 정리 정돈을 선호한다면, 그렇지 않은 아이는 더욱 스트레스를 받는다. 부모의 강요는 양자 모두에게 부작용만 낳을 뿐이다. 되도록 목소리 톤을 높이지 않으면서 다음과 같이 말하는 건 어떨까.

"네 방은 개인적인 공간이지만 부엌과 거실과 욕실은 가족이 함께 사용하는 곳이야. 머리를 말린 후 머리카락을 그냥 두고 나오거나 반찬 뚜껑을 열어 놓은 채 일어나면 엄마나 다른 사람이 수고를 해야 하거든. 이 점 신경 좀 써 줘."

몇 번을 이렇게 말해도 아이의 행동은 한동안 반복될 것이 분명하다. 그럴 때는 볼 때마다 잔소리하는 것이 아니라 가끔 핵심만 간결하게 말하는 것이 나중에 부모와 아이를 위해서도 낫다.

"욕실에 머리카락 그대로 있어서 엄마가 치웠다."
"이번에 식탁은 엄마가 치웠지만 다음엔 네가 치우길 바라."
"수건이 젖은 채 엉겨 있어서 불편했어. 사용한 수건은 빨래함으로 부탁해."

그렇다고 욱하고 치밀어 오르는 감정을 번번이 참기보다는 '나'를 주어로 불평을 표현하자. "엄마(아빠)는 네 방이 어느 정도 정리가 되면 좋겠어.", "아빠는 반찬 냄새가 퍼지는 게 싫어." 단, 짧게 말한다. 덧붙여, 아무리 어질러진 공간일지라도 아이의 사적인 공간에 대해 존중의 표시를 한다. 예를 들어 아이의 허락을 구하지 않고 방정리를 하는 것은 지양한다. 아이의 동의가 있다면 함께 방정리를 하는 것은 괜찮다. 그러나 아이가 원하지 않는다면, 차라리 아무 말 없이 아이의 방문을 닫아 안 보도록 한다.

"꼴도 보기 싫으니까 닫아!" 대신 "엄마(아빠)가 네 방을 보면 신경이 쓰이고 잔소리를 하게 되네. 괜찮다면 가끔 네 방문이 열려 있을 때 조용히 닫아도 될까?"라는 표현은 아이의 반감을 덜 살 수 있다.

한동안 정돈되지 않은 방을 봐야 하니 부모의 심기가 불편할 것은 당연하지만, 아이는 또 변한다. 과한 잔소리는 아이에게 '나는 방정리 못 하는 사람'이라는 낙인을 만들 수 있다. 아이의 뇌와 정서의 안정화가 이루어지도록 응원하는 마음으로 기다리고, 또 기다린다. 그때는 온다. 다만 느긋하게 기다리는 마음을 새긴다. 물론 '느긋하게'가 잘 안 된다. 안 되는 때가 바로 부모마음의 근육을 키우는 때이다. 만약 그때가 더디 오더라도 또는 아이가 정리의 기술을 터득하지 못한다 해도 어쩌겠는가. 그렇다고 인생의 낙오자가 되는 것은 아니니, 그보다 우선하는 아이를 존중하자. 정리된 방보다 아이와의 관계가 먼저다.

9

(닫힌 방문)
"어디서 방문을 '쾅' 닫고 들어가? 당장 나와!"

✗ 아이의 닫힌 방문을 열지 마세요.

⇨ 방문을 여는 순간, 마음이 닫힙니다.

○ 아이만의 시간과 공간을 지켜 주세요.

"도대체 방에서 뭐 하는 거야?"
"뭐 이상한 짓이라도 하는 거 아냐?"

사춘기 아이가 방문을 닫고 방에서 나오지 않으면 부모는 온통 아이 방문에 신경이 쓰인다. 공부 안 하고 엎드려 자는 건 아닌지, 불법 영상물을 보고 있는 건 아닌지 궁금한 일이 많다. 물리적인 거리두기가 마음의 거리인 것 같아 허전하기도 하다.

사춘기 이전까지는 공간의 경계 없이 지냈으니 그럴 만하다.

사춘기가 되면 방문부터 잠근다는 말이 있는 것처럼, 사춘기 아이의 방은 그저 방이 아니다. 아이의 방은 자신의 취향과 개성을 탐구하는 공간이자 꿈을 그리는 공간이다. 누구의 간섭도 없이 무장해제하고 멍 때릴 수 있는 곳이며, 이완과 휴식의 장이다. "할 일은?" 하고 묻는 부모의 요구에서 잠시 벗어날 수 있는 쉼의 공간이자, 자연스럽게 무르익어가는 성적 욕구를 돌보는 곳이기도 하다. 사춘기 아이의 방은 자신만의 성이자 안식처다. 아이는 그 성의 주인이다. 그곳에서 에너지를 충전하고 성숙해지는 시간을 갖는다.

인생은 종종 드라마에 비유된다. 다니엘 시겔은 『아이의 인성을 꽃피우는 두뇌 코칭』에서 부모가 자녀에게 울고, 고함치고, 죄책감을 느끼는 것을 '드라마'에 비유했다. 여기서 드라마란 과장되고 극적인 감정 표현과 반응을 의미한다. 반면, 평온하고 침착함을 유지하는 자녀 교육을 '노 드라마'라고 했다. 노 드라마란 감정을 절제하고 안정적인 태도로 자녀와 소통하는 것을 말한다. 부모가 '드라마'에 빠져 부정적 감정의 소용돌이를 일으키면, 아이는 자신의 성으로 들어가 문을 닫는다.

이때 아이 방은 안식처에서 피난처가 된다. 상처 입은 포유류가 동굴로 들어가 자신의 상처를 핥아 낫게 하려는 듯, 아이의 성은 피난처인 동굴이 된다. 이곳에서 누구에게도 돌봄을 기대할 수 없는 좌절, 혼자라는 고립감, 또다시 쫓기고 상처 입을 것에 대한 두려운 감정을 삭인다. 그리고 두 번 다시 안전이 위협 받지 않기를 간절히 바란다. 그러나 '드라마'에 빠진 부모는 맹수가 되어 아이의 성을 위협한다. 한 예로, 잠긴 방문을 열쇠로 열고 들어간 부모와 아이 사이에 다음처럼 소란스러운 상황이 곧잘 일어난다.

> 부모: "어디 부모 앞에서 방문을 닫고 들어가? 당장 나와."
> 아이: "아, 왜 남의 방에 막 들어오는데?"
> 부모: "내가 막 들어왔어? 부모가 남이야?"
> 아이: "그냥 나가라고!"
> 부모: "못 나가! 네가 나가!"

어느 인터넷 커뮤니티에서, 부모가 아이 방문이 잠겨 있자 뒷베란다로 가서 창문을 벌컥 열었다는 사연을 본 적이 있다. 또한, 아이가 방문을 잠그지 못하도록 아예 손잡이를 없애서 방문에 구멍이 뻥 뚫린 사진이 올라온 적도 있었다. 이런 일은 일부일 수 있지만, '드라마'에 빠진 부모의 신경계는 전두엽이 기능하지 못해 피난처에 머문 아이에게 공감할 수 없다. 방문을 닫는 아이의 자기보호 행동도 수용하기 어렵다.

다만 아이가 버릇없이 행동하고 부모를 무시하는 것 같아 참을 수 없다. 화와 짜증, 거절당했을 때 느끼는 서운함, 대화가 통하지 않는 답답함, 부모의 영향력이 의미 없어지는 것만 같은 절망감을 느낀다. 이런 감정은 부모가 나빠서가 아니다. 소중한 바람이 있기 때문이다. 당신은 닫힌 아이 방문 앞에 섰을 때 무엇을 바라는가? 부모는 아이와 상호 존중, 정서적 연결, 원만한 소통을 바란다.

그러나 사춘기 아이와의 일상은 번번이 드라마에 빠지기 쉬워서 부모와 아이의 바람은 줄곧 좌절된다. 아이의 감정 뇌가 활성화되고 전두엽이 미성숙한 데다가, 부모가 받는 스트레스는 누적되기 때문이다. 그러므로 드라마는 계속될 것이다. 그럼 어쩌면 좋을까? 아이는 박차고 일어나 방문을 닫고, 한번 닫힌 방문은 쉽게 열리지 않을 텐데 말이다.

잊지 말아야 할 것은 부모와 아이는 함께 성장 중이라는 것이다. 성장은 드라마에 빠지지 않으려는 노력에 있지 않다. 인간은 감정의 동물이다. 특정한 사람만 감정적 드라마에 빠지는 게 아니다. 그러니 드라마에 빠지지 않으려고 노력하기보다, 당신이 드라마에 빠지는 사람이라는 것을 인정하자. 자신의 한계를 인정하면 다른 방법이 보인다.

가령, 아이 방문을 열기 전에 노크는 기본이고, 부모가 먼저 아이에게 이렇게 말할 수 있다. "네가 혼자 있고 싶을 때가 있다는 것을 알아. 엄마(아빠)도 그럴 때가 있거든. 그 부분 존중하고 싶어. 그래서 언제든 필요하다면 '혼자 있고 싶다.'라고 말해 줘." 이렇게 말하는 부모 앞에서 문을 쾅 닫고 들어가는 아이는 없을 것이다. 만약 이런 부드러운 대화도 나눌 수 없는 상황이라면, 잠시 호흡을 가다듬어 교감신경계를 진정시킨 후 말할 수 있다. "서로 진정하고 30분 후에 다시 이야기하자."

무엇보다 평소 아이의 독립성을 존중하는 의미에서 닫힌 아이의 방문에 너그러운 마음을 갖자. '나의 성'을 힘 있는 자가 강제로 연다면 그곳은 더 이상 안식처도 피난처도 될 수 없다. 집에 있어도 집이 그리운 아이가 되지 않도록 하자. 그리고 드라마에 빠지지 않는 자신이 아니라, 드라마에서 빠져나올 수 있는 자신을 믿자. 창조적 작업을 하는 화가가 멀리서 전체를 바라보듯, 양육도 창조성에서 으뜸가는 일이다. 양육의 큰 그림을 한 걸음 뒤로 물러나서 바라보면 우선순위가 보일 것이다. 사춘기 아이를 성장시키는 힘은, 드라마가 영원하지 않다는 것을 자신에게 진심으로 타이르고 멀리 바라보는 데서 나온다.

10

(가족여행)
"가족여행을 왜 안 가?"

✕ 아이를 억지로 여행에 동참시키지 마세요.

   ⇨ 아이의 거부감이 자랍니다.

〇 아이의 변화를 자연스럽게 받아들이고 다음을
기약하세요.

여행하는 가족을 보면 사춘기 아이들은 쉽게 티가 난다. 바로 사진 찍힐 때이다. 부모는 아이에게 "거기 좀 서 봐."라고 하지만, 아이는 이미 사진 따위에는 관심이 없다. 마지못해 여행을 하지만 대충 시간만 보내다 가겠다는 생각이 훤히 보인다. 심드렁한 아이에게 부모는 소리 높여 말한다. "좀 웃어 봐."라고. 아이는 인상을 쓰며 대답한다. "아 그만 좀~."

가족여행을 반기는 사춘기 아이는 드물다. 부모로부터 몸과 마음이 멀어진 상태를 여실히 드러내며 "안 가."를 선언한다. 부모도 아이가 사춘기가 되면 가족여행이나 모임을 반기지 않는다는 것을 알지만, 막상 그런 순간이 오면 당황하고 서운함을 느낀다. 부모에 따라 감정의 농도가 다른데, 어떤 부모는 우울과 고통을 느끼기도 하며 "왜 안 가? 무조건 같이 가!"라고 통제하기도 한다.

이런 경우에는 '아! 그럴 때가 왔구나!' 생각하고 "그래? 같이 가고 싶지 않아? 지금까지 같이 하던 여행이었는데 그 말을 들으니까 엄마(아빠)는 좀 서운하네. 너 없이 여행하면 허전하고 재미도 줄어들 것 같아. 널 위해 준비한 것도 있는데…."라고 말하며 한 걸음 물러나는 게 좋다. 그러나 이런 상황을 기다렸다면 몰라도 대부분의 부모는 당황하며 통제 욕구를 느낀다.

부모교육에서 각자 상반된 가족여행 경험을 가진 두 명의 부모를 만난 적이 있다. 한 부모의 말이다. "사춘기가 되면 아이들이 부모와 함께 여행도 꺼린다고 하잖아요. 그래서 어릴 때부터 줄곧 가족여행을 의무처럼 여기게 했어요. 예외가 없도록이요. 며칠 후에 초등 때부터 친목을 다져 온 자모 모임에서 가족여행을 가는데, 아이가 안 간다는 거예요. 애들이 얼마나 컸는지 보고 싶다며 다 같이 만나자 그랬는데, 우리 아이만 별나게 구나 싶어서 마음이 안 좋아요."

같은 자리에 있던 다른 부모가 자신의 경험을 들려주었다. "저는 웬만하면 아이들 데리고 어디 안 가요. 해외여행도요. 저 어렸을 때 우리 부모님이 억지로 비행기 태우고 외국 데리고 다니셨는데 정말 싫었거든요. 나한테는 자유시간도 없는 것 같고, 외국 나가 봐야 다 똑같은 것 같고. 지금은 기억나는 나라도 별로 없어요. 부모님하고 다니는 거 재미도 없었고요. 그래서 그런가. 저는 지금도 애들이 어디 안 간다고 그러면 '그래라.' 하는 편이에요. 솔직히 우리도 친구들이랑 여행 가는 게 좋지, 부모님이랑 여행 가는 건 재미없을 때 있잖아요."

가족여행은 가족 구성원들이 함께 시간을 보내며 서로의 유대감을 높이고 새로운 경험을 공유하는 소중한 시간이다. 여행의 형태에 따라 다르기는 하지만 도전과 협력, 낭만과 치유, 가족 공통의 추억을 쌓을 수 있는 기회이기도 하다. 또한 일가의 어른들과 함께 여행을 갈 때는 웃어른을 존중하는 모습과 특유의 가족문화를 전수하는 시간이 되기도 된다. 앞에서 말한 친목 모임도 이웃과 연대감을 느낄 수 있는 좋은 기회다. 그러니 아이가 원하지 않는다고 '그래라.' 하는 건 부모 입장에서 받아들이기 어려울 수 있다.

그렇다고 강압하는 것은 좋지 않다. 정말 아이가 동행하기를 바란다면, 사전에 아이에게 언제, 어디서, 누구와 함께 가는지에 대한 정보를 주어 상황을 예측할 수 있게 한다. 예를 들어

"할아버지 생일이라서 온 가족이 뷔페에서 식사하기로 했거든. 사촌형들이랑 동생들도 온다고 했어. 다른 때는 몰라도 이날은 같이 가면 좋겠어."라고 말할 수 있다. 이마저도 "가기 싫어."라고 한다면 "네게도 그럴 만한 이유가 있을 텐데, 엄마(아빠)도 그렇고 모두 서운해할 거야. 할아버지도 널 꼭 보고 싶어 하시거든."이라고 해서 아이를 비난하는 것은 최소화하고 가족의 한 구성원으로 자신을 인식하도록 한다.

아이가 "같이 가기 싫어."라고 말할 때는 가족을 싫어한다는 의미가 아니라 혼자(또는 친구들과) 시간을 보내고 싶을 때라고 이해하고 다음을 기약한다. 사춘기 아이가 가족여행(가족모임)을 기피하고 부모와 동행하기를 꺼리는 것은 이상한 일이 아니라 일시적으로 자연스러운 일이다. 자연스러움을 자연스럽게 받아들일 때 훗날을 기약할 수 있다.

숙박하는 여행이 아니라도 반나절이나 아이가 동의하는 날짜에 가벼운 외식을 할 수도 있다. 이조차 아이가 틈을 내주지 않는다면 그 역시 그것대로 "그래? 그러면 다음에 다시 날을 잡아 보자."라고 수용한다. 그런 다음 아이와 관계가 무난할 때 "너와 여행 간 지도 오래돼서 예전처럼 여행 날짜 한번 잡아볼까?"라고 부모의 의향을 전한다.

이미 아이에게 가족여행에 대한 부담감을 안겨 주고 반감을 샀더라도 괜찮다. 앞으로가 중요하다. '부모님과 함께 밥 먹고 대화하는 시간이 편하네.'라는 인식만 심어 줘도 가족여행에 대한 부담이 줄고 기대가 생긴다. 부모와 함께하는 시간과 공간에 대한 편안함을 느낀다면 머지않은 때에 다시 가족여행을 즐기고 일가의 모임에 스스럼없이 참여하는 날이 올 것이다. 2보 전진을 위한 1보 후퇴는 이 지점에서도 필요하다.

5장

사춘기 위기를
성장의 기회로 만드는
대화의 정석

（형제자매 갈등）
"맨날 이런 식으로
싸울 거야?"

✗ 아이들을 원망하지 마세요.

　⇨ 우애가 사라지고 적개심과 반항심이 커집니다.

○ 아이들 각자의 입장을 수용하고, 공감을 통해 안정감을
　살려 주세요.

20여 년 전, '효과적인 부모와 자녀의 대화 방법'이 있다는 것을 알고 참 반가웠다. 어디에서도 배워 보지 못한 대화 방법이 신기했고, 내 말에 따라서 아이들의 반응이 달라지는 점이 놀라워서 대화법을 꾸준히 공부했다. 한때는 대화법을 배워서 아이들을 내 뜻대로 통제할 수 있겠다는 불손한 생각을 한 적도 있었다. 그 뜻은 아이들의 저항으로 얼마 가지 않아 무너졌지만, 꾸

준히 소통하는 방법을 익힌 것은 엉키고 꼬인 관계를 풀어 가는 데 큰 도움이 되었다. 이 대화 방법을 익히지 않았다면 어땠을 까. 4살 터울로 사춘기를 시작하는 딸과 사춘기가 끝나가던 아들의 감정적 충돌이 심심치 않게 빚어지던 때였다.

하루는 강사회의 중에 딸에게서 전화가 왔다. 딸의 목소리엔 울음이 섞여 있었고, 거친 숨소리와 함께 한껏 높은 톤에서 불길한 예감이 들었다. "엄마, 어디야?", "응, 엄마는 강사회의 중이야. 무슨 일이야?", "오빠가 내 얼굴 때려서 안경이 깨졌어. 그리고 얼굴에서 피 나."

딸의 말을 듣고, 심장이 덜컥 내려앉고 팔다리에서 기운이 빠졌다. 집으로 날아갈 수 있으면 날아가고 싶었고, 공간이동을 할 수 있다면 그렇게 해서라도 빨리 딸에게 가고 싶었다. 아들에게 얼굴을 맞은 딸의 얼굴에서 피가 나다니 별별 상상이 다 됐다. '이게 무슨 일이래.' 집까지는 지하철 환승을 포함해서 1시간이 넘게 걸리고, 퇴근 시간이 가까워 택시는 생각할 수도 없었다. 동료들에게는 집안 사정이 생겼다며 양해를 구하고 서둘러 집으로 가는 지하철을 탔다.

집에 가는 동안 아들에게 전화를 했는데 받지 않았다. 남편은 나보다 퇴근이 늦을 테니 알리지 않았다. 남편보다 내가 먼저 도착해서 아이들의 감정을 수습하고 싶었다. 집으로 가는 길은 더디게 느껴졌고, 걱정과 불안이 덮치는 것과 동시에 아이들이 원망스러웠다. 한마디도 지지 않으려고 오빠한테 말대꾸하는 딸의 모습이 그려졌고, 아무리 그래도 안경 쓴 동생의 얼굴을 때린 아들을 생각하니 숨도 잘 쉬어지지 않는 것 같았다. '별일 없게 해 주세요.' 하고 기도하며 두 아이의 감정에 적절히 대처할 수 있기를 간절히 바랐다.

힘든 마음을 달래며 집으로 가는 동안 남편에게서 전화가 왔다. 하필 이런 날, 남편은 평소보다 퇴근을 빨리해서 집에 와 있다는 것이다. 남편에게 "애들 이야기 들었어? 애들은 좀 어때?" 하고 급하게 물었다. 남편은 한숨을 푸욱 쉬며 "아들은 먼저 혼내 놨고, 딸은 당신이 빨리 와서 좀 달래 줘. 다행히 얼굴에 상처는 깊지 않은 것 같고 응급처치는 했으니까 안심해."라고 했다. 하, 딸이 크게 다치지 않았다니 다행이었다.

집에 도착하자마자 딸 방으로 갔다. 딸은 나를 보자마자 울음을 터트리며 오빠를 욕하고 비난했다. 아이의 어떤 감정이라도 들어주고, 비난하지 않기로 마음먹었던 터라 딸을 안고 등을 쓸어 주었다. 딸은 쉽게 진정이 안 되는지 바들바들 떨었다. 내가 등을 쓰다듬고 또 쓰다듬어 주자, 딸은 그것도 싫다는 듯이 몸서리를 치며 "아, 화난다고, 짜증 난다고." 하며 울었다.

시간이 얼마나 지났을까. 울음이 잦아든 딸에게 무슨 일이 있었는지 물었다. 딸은 "나는 그냥 가만히 있는데 오빠가 괜히 와서 때렸어."라고 했다. 아직은 성난 사춘기 소녀의 감정을 조금 더 달래야 할 것 같았다. "너는 가만히 있는데 오빠가 괜히 와

서 때렸다면 많이 억울하고 아팠겠네. 그랬어?" 딸은 "응."이라
고 했다. "그랬구나. 엄마도 없어서 원망스러웠을 거고, 엄마 기
다리는 시간도 힘들었겠네. 계속 울어도 눈물 날 만큼 말이야."

딸은 급하게 달려와 잘잘못을 따지지 않고 달래 준 엄마의
노고를 알아주는 듯 흥분이 잦아들었다. 딸에게 필요한 훈육의
말은 나중에 해도 늦지 않을 것 같아 딸 곁을 좀 더 지켰다. 그
리고 말했다. "엄마가 이제 오빠한테 가 보려고 하는데, 괜찮겠
어?" 딸은 입을 삐죽 내밀고는 고개를 끄덕였다.

세 번 정도 깊게 심호흡을 한 뒤 아들 방 앞에 섰다. 노크를
하고 방문을 열자, 두려움과 노여움이 잔뜩 묻어 있는 아들의 얼
굴이 보였다. 안쓰러웠다. 아들도 얼마나 괴로웠을까. 천천히 다
가가 아들에게 "너도 많이 놀랐지?"라고 말문을 열었다. 어깨를
바짝 올리고 방어하려던 아들은 둑이 터지듯 '흑' 하고 울음을
터트렸다. 나는 말했다. "너도 그럴만한 사정이 있었을 거야. 일
부러 그러지 않았을 거야." 아들은 "나도 잘못한 거 아는데, 아
빠가 와서 (흑흑) 나한테 (흑흑) 네가 깡패냐고, 안경 쓴 사람 얼
굴 때리면 살인미수라고 (흑흑) 너라면 안경 쓴 얼굴 주먹으로
맞으면 좋겠냐고 (엉엉) 내 말은 듣지도 않고, 알지도 못하면서."
라며 울었다.

나보다 먼저 퇴근한 남편은 딸 얼굴의 피를 보았을 것이고,
아들에게 가서 무섭게 훈계했다는 걸 어렵지 않게 짐작할 수 있
었다. 아들은 아빠에게 자초지종을 설명하고 이해를 구하고 싶

었을 테지만, 남편은 더 큰 소리로 아들을 꾸짖었을 것이다. 나는 아들에게 "그래… 너도 잘못한 것도 알고 겁도 났는데 아빠한테 꾸중까지 들으니 더 속상했던 거야?"라고 물었다. 아들은 계속 울면서 대답했다. "응….." 나는 다시 물었다. "잘못을 알면서도 그렇게 화가 나는 일은 뭐였어?" 역시나 원인은 강아지 똥이었다. 평소 아들과 딸은 강아지 똥 치우는 일로 자주 싸웠다. 아들은 "강아지 똥은 나만 치우냐? 너도 치워!"라고 했고, 딸은 그럴 때마다 "내가 알 바야? 치우기 싫으면 놔두지, 오빠가 뭔데 나한테 시켜?"라고 했다.

"그래, 너는 매번 혼자 강아지 똥을 치우는 것이 억울하고 화도 났던 거구나. 동생도 같이 좀 치웠으면 했는데 그렇지 못해서 불만이 쌓였던 거고. 동생이 잘못하는 거 같은데, 오히려 짜증내는 모습을 보니까 이제껏 참았던 화가 터진 거네." 아들이 이번에는 "네."라고 대답했다. "그래. 엄마도 네 심정 이해해. 만약 엄마가 너였더라도 화가 많이 났을 거야."

아들은 어느 정도 감정을 추슬렀는지 "동생이 대드는 모습을 보니까 나도 모르게 주먹이 올라갔어. 엄마, 그래도 내가 동생 때린 건 잘못했어." 아들 말을 들으니 마음이 놓였다. 스스로 잘못했다고 말하는 아들에게 더 이상 할 말은 없었다. 대신 "그 말을 들으니 엄마가 안심이 되네. 저녁밥 안 먹어서 배고프지?"라고 물었다. 아이들은 나 없는 동안 온 에너지를 끌어모아 싸웠을 테니 배가 고플 터였다. 잠시 후 조촐하게 밥상을 차리고 아들에게 갔다. "밥 먹자. 동생한테는 네가 가서 밥 먹으라고 말할 수 있겠어?", "응, 아빠께도 잘못했다고 말씀드리고 식사하시라고 할게요." 아들은 딸에게 미안하다는 말 대신 "나와서 밥 먹어."라고 했고, 딸은 자기 방문을 열고 나와 오빠를 약하게 흘겨보는 것으로 누그러진 감정을 표현했다.

이날은 두 아이의 감정을 가까스로 토닥였지만, 이후에도 비슷하거나 더 큰 갈등은 종종 일어났다. 그럴 때 나는 나 자신을 비난하고는 했다. 어려서는 우애가 좋았던 두 아이의 정서를 안정감 있게 돌보지 못한 나의 잘못을 생각하니 마음이 아팠다. 그래도 배움의 기회는 열려 있어 대화 방법을 꾸준히 익혔다. 배움은 더디고, 나의 한계를 드러내며 서툴고 어줍게 끝난 대화는 얼마나 많은지.

오히려 갈등을 증폭시켜 감정의 골이 깊게 팬 채 각자의 방으로 흩어진 날도 많았다. 그럼에도 몇 번은 후회할 만한 사건으로 커지지 않게 예방할 수 있어서 다행이었다. 잘 풀리는 대화도 있고 그렇지 않은 날도 있지만, 내가 번번이 확인한 것은 이것이다. 가장 대화가 안 통한다고 느끼는 때야말로 가장 이해받고 감정적인 연결을 원하는 때라는 것을. 그리고 나의 노력이 헛되지 않다는 것도 알았다. 다시 웃으며 가족이 함께 식탁에 둘러앉을 때면 그렇게 느끼곤 했다.

시련 없는 성공이 없듯, 갈등 없이 성공적인 인간관계를 맺는 경우는 드물다. 사계절 내내 고른 바람을 맞으며 뿌리를 내리는 나무처럼, 관계에서 갈등은 견고한 뿌리를 내리는 데 중요한 역할을 한다. 그러니 아이들 사이의 갈등에 낙심할 필요는 없다. 부모도 어린 시절 형제자매와 싸우며 갈등을 해결하는 기술을 배우고, 해서는 안 될 일도 깨우치며 자라지 않았던가.

나는 지금도 가족 내 갈등은 언제든 있을 수 있음을 상기한다. 갈등 없이 순조로운 날도 있지만, 갈등은 없을 것이란 기대보다는 갈등을 통해 성장할 수 있다는 믿음을 항상 되새기려고 한다. 갈등을 피하기보다, 갈등을 다루는 방식이 중요하다. 이때 대화가 서툴더라도 아이의 마음을 공감하려는 의도가 우선되어야 한다.

덧붙여, 공감 어린 대화를 하지 못한 자신에게 너그러울 필요도 있다. 부모는 각자 공감이 어려운 나름의 이유가 있기 때문이다. 그럼에도 최선을 다했음을 인정하자. '괜찮아, 이만해도 잘했어. 다음엔 더 나은 방법을 시도해 보자.'라고 스스로에게 말하자. 완벽한 문제 해결의 대화는 없지만, 갈등을 삶의 일부로 받아들이면 뿌리까지 흔들리는 고통을 덜 수 있다. 돌아보면, 갈등은 나무의 뿌리를 더 깊이 내리게 하는 바람이었음을 깨닫는다.

2

(공부 태만)
"이런 식으로 할 거면
공부 집어치워."

✗ 공부 스트레스를 주지 마세요.

⇨ 학습 동기를 잃게 됩니다.

O 삶을 긍정하는 성취 동기를 키워 주세요.

그래야 학습 동기도 자랍니다.

부모는 무엇을 믿고 기다리는가?

"엄마가 녹음해서 엄마 목소리 들어 봐요. 이성적으로 말하면 내가 안 들어요? 알았으니까 1절만 해요. 아! 씨발. 계획 세웠냐고 그래서 계획 세웠다니까 말 개많아. 영어단어 50개 외우고 학원 가라는 거 아니에요? 그럼 그렇게 말하면 되지, 왜 데데데데거려. 존나 빡치게."

카페에서 우연히 본 일이다. 교복을 입은 학생이 감정에 복받친 욕설로 엄마와 통화하는 소리가 들렸다. 사람들이 힐끔거리며 학생을 쳐다봤다. 나도 그중 한 사람이었다. 학생은 짜증 섞인 욕설을 내뱉고 전화를 끊었다. 핸드폰을 내려다보는 그의 등은 구부정했고, 안경은 흘러내렸으며 턱은 두 겹으로 겹쳐 있었다. 정도의 차이는 있겠지만 많은 청소년 가정의 현실을 보는 것 같아 마음이 아팠다. 그리고 부모의 불안과 두려움을 모르지 않기에 착잡했다.

사춘기가 된 아이들은 곧잘 하던 공부에서 흥미를 잃곤 한다. 그러나 어떤 아이는 잠깐 방황을 하다가 다시 공부에 매진한다. 아쉽게도 많은 아이가 학습 의욕을 회복하지 못하고 청소년기를 보낸다. 그럴 때 부모는 걱정이 커진다. '언젠가는 하겠지.'라며 인내하고 시간과 에너지를 아낌없이 쏟아붓지만, 더 이상 아이를 통제할 수 없다는 생각에 부모는 절망과 두려움에 빠진다. 아이의 일거수일투족을 더욱 감시하고 과외든 학원이든 시키지만, 돌아오는 성과는 미미하다. 울어도 소리 질러도 때려도 소용없다. 지친 부모는 "이런 식으로 공부할 거면 집어치워."라고 하거나 "나는 이제 너 포기했다. 네 인생 네가 알아서 해라."라며 절망한다.

하지만 자식을 포기하는 부모가 있을까? "믿고 기다려라."

아이는 부모가 믿고 기다리는 만큼 성장한다는 말에 의지해 가까스로 기운을 낸다. 그런데 무엇을 믿고 기다려야 하는 걸까? 지속적이고 성장 가능한 공부는 내적 동기와 자율성에서 비롯된다. 아이의 자율성을 존중하는 것이 진정한 행복의 바탕이 된다는 믿음 대신 부모의 기대만큼 공부하기를 바란다면, 다시 절망만이 기다릴 뿐이다. 부모가 믿고 기다려야 할 것은 아이가 자신의 속도로 삶을 찾아가며, 고유한 방식으로 성장할 가능성이다. 부모가 할 일은 아이의 잠재된 가능성을 믿고 둥지를 떠나는 날까지 안전한 환경과 정서적 지지를 제공하는 것이다.

평균을 향한 경쟁교육은 야만이다

그러나 지금까지 많은 부모가 아이들에게 준 것은 공부에 대한 불안과 압박, 그리고 집착이다. 『평균의 종말』의 저자 토드 로즈는 창조적 인재가 필요한 지금, 주입식 교육제도와 재능을 평가하는 방법이 달라져야 한다고 말한다. 그 시작은 '평균'이라는 허상을 깨부수는 일이다. 그러나 『경쟁교육은 야만이다』를 쓴 김누리 교수의 말처럼, 야만적인 경쟁 구도와 학벌을 중요하게 여기는 사회와 학교와 부모는 아이들로 하여금 평균을 향해 치달리도록 하고 있다. 아이의 흥미와 적성을 무시한 지나친 교육열로 아이들을 몰아세운 결과 성적 비관, 극단적인 선택, 집단

따돌림 등 청소년 문제는 심각해졌다. 아이들에게 정서적 안정감을 주는 곳은 어디인가?

아이에게 정서적 안정감을 주는 것은 부모의 보호와 돌봄이다. 정서의 안정은 자기조절능력을 키운다. 공부에 필요한 끈기, 인내, 노력, 집중 등은 자기조절능력의 영역이다. 자기조절능력은 좌절을 극복하고 자신감을 가지며, 힘들 때 도움을 청하고 성장하고 발전하도록 한다. 그러나 닭장 같은 공간에서 강제 노역처럼 하는 공부는 안정감과는 무관하다. 아이는 '시키는' 공부에서 자신의 존재가 수단이 된 것을 안다. 평가 수단이 된 불안으로는 진정한 공부란 불가능하다. 아이의 불안이 사라지지 않는 한, 스트레스 호르몬이 혈류를 타고 흐르면서 반항하거나 생명력 없는 순응을 이어 가거나 무기력을 반복한다. 그리고 조금만 주의를 기울이면 할 수 있는 '할 일'은 미루고 그토록 만류하는 게임과 스마트폰, SNS에 빠지고 만다.

길을 잃은 자여, 멈춰라

사막 여행자들이 사막에서 가장 두려워하는 것이 있다고 한다. 그것은 바람이다. 바람은 모든 지형을 바꿔 놓아 길을 잃게 만든다. 그럴 때 현명한 여행자들은 당황하지 않고 밤을 기다린다. 밤이 되면 북극성이 떠오른다. 북극성은 현 위치와 가야 할 방향을 알려준다. 혹시 길을 잃어 본 적이 있다면 그때 어떻게 했는지 기억을 떠올려 보자.

길을 잃으면 가장 먼저 "여기가 어디지?" 하고 위치를 확인한다. 아이 교육에서 부모는 종종 길을 잃는다. 세상의 변화는 사막의 거센 모래바람이 모든 지형을 흐트러트리듯 초심을 잃게 만들곤 한다. 그럴 땐 멈춰야 한다. 일단 멈추고 현 위치를 파악한 다음에야 목표 지점을 향해 나아갈 수 있다. 조급한 나머지 어디론가 움직이면 더욱 길을 잃을 뿐이다.

아이가 공부에 대해 저항하는가? 가족의 웃음이 사라졌는가? 함께 밥 먹는 시간이 냉랭한가? 아이와의 관계가 불편한가? 무엇을 더 해야 아이가 공부할지 막막한가? 이것은 이미 길을 잃었다는 신호다. 길을 잃지 않는 것이 중요한 게 아니다. 삶의 길을 잃은 적 없는 사람은 없다. 누구나 길을 잃을 수 있다. 중요한 건 길을 잃었을 때 멈추는 것이다. 그리고 북극성을 찾아야 한다. 당신이 이제 죽어도 여한 없이 간절히 바란 그것! 당신의 북극성은 아이가 무언가에 쫓기거나 무기력한 삶을 사는 게 아니라 건강하고 행복하게 자신의 삶을 사는 것 아니었을까.

부모의 선택이 아이의 행복한 삶을 만든다

부모는 아이의 생기가 살아나도록 안전한 환경이 되어야 한다. 부모 마음 안에 아이를 향한 온기를 품고 웃으며 바라보자. 시시콜콜한 이야기라도 함께 있는 시간과 공간에 감사하며 산책하고 여행하고 밥을 먹자. 공부에 관심을 기울이는 만큼 몸과 마음의 건강과 행복의 균형을 고민하자. 가야 할 방향이 명확하다면 지금까지 그랬듯 "공부해라."라는 잔소리도 하고, 필요한 학원 정보와 학습 정보도 알려 주자. 아이는 정보력과 자기조절 능력이 약하니 부모가 도움을 주고 아이가 실패와 실수를 통해 배울 수 있도록 비난과 경멸 대신 너그러움을 갖자.

그러기 위해 할 일이 있다. 그것은 선택이다. 경쟁을 부추기는 야만적 교육에 마음을 내주고 불안과 조급함에 쫓겨 아이를 공부시킬 것인지, 자유로운 삶을 누리는 행복한 삶의 주체자가 되도록 아이를 믿고 지지할 것인지. 그러나 선택은 결코 쉬운 게 아니다. 더군다나 아이에게 자율성을 넘겨주는 건 또 다른 두려움이다. 해답은 부모 마음에서 끝없이 올라오는 반사적 내적 갈등을 알아차리고 의식적 선택을 반복하는 것이다. 당신 선택의 반복이 아이에게는 안전한 환경이 된다.

원래 우리 아이는 어떤 아이였나? 공부라는 잣대만 내려놓고 보면 아이는 존재 자체로 정말 사랑스럽고 소중하기 그지없는 아이였다. 부모에게 다정하고 웃음 많은 아이였다. 생기 있고 꿈도 많은 아이였다. 언제부터인가 공부로 인해 부모에게 못난 사람이 되고 좌절한 아이가 지금도 기다리는 것은 부모의 따뜻한 관심과 지지, 인정과 격려이다.

부모의 반사적인 말	내적 알아차림	의식적 선택의 말
이런 식으로 공부할 거면 집어치워!	조급한 마음이 들면 아이를 압박하게 되는구나!	공부가 마음대로 안 되니까 힘들지? 천천히 다시 해보자.
네 인생, 네가 알아서 해. 난 너 포기했다.	과정의 중요성을 놓치면 지나치게 결과에 치중하고 아이를 무시하게 돼. 존중을 기억하자.	힘들 땐 쉬어도 돼. 그럼 또 길이 나타나곤 하는데, 그런 희망을 포기하면 안 돼.
한심하다. 한심해. 네가 하는 일이 다 그렇지, 뭐.	아이가 겪는 어려움을 이해하지 못하고, 나의 효율만 생각했어. 나도 실수할 때가 있지.	실수는 누구나 할 수 있어. 중요한 건 다시 시작하는 마음이야. 괜찮아.
이렇게 하면 되겠니? 공부할 거면 똑바로 좀 하라고!	힘든 아이에게 용기를 줘야지. 실패에 대한 두려움을 안기려고 하네.	공부는 어려운 거야. 어렵게 느끼는 건 당연해. 함께 방법을 찾아봐도 될까?
다른 애들 하는 거 안 보여?	아이만의 고유한 빛깔과 속도대로 가도록 지지하는 게 부모야. 비교는 금물, 잊지 말자.	너는 너야! 너의 가능성을 너 스스로 믿어도 좋아. 그 안에 답이 있어.
됐다. 네 방으로 들어가.	내 스트레스를 조절 못하고 아이를 미워하는 건 주의하기를!	어서 와! 조금 피곤했는데 함께 생각하면 더 나은 방법이 나올 거야.
뭘 잘했다고 큰 소리야. 공부도 못 하는 주제에.	아이의 인격이 공부보다 중요한 건 아닌데… 내 안에 부정성이 쌓여 말이 거칠게 나왔네.	공부가 중요하다고 생각했지. 너보다 소중하다고 생각하지는 않았어. 그럼에도 그런 메시지를 줘서 미안해.
공부하라고 잔소리하는 것도 지겹다.	내가 먼저 미래를 낙관해야지. 아이의 미래를 어둡게 생각하고 있구나.	마음먹고 하려고 해도 잔소리 듣고 공부하려면 기운 빠지지? 좀 줄여 볼게. 기운 내.
맨날 게임하고 스마트폰이나 하고 사니, 아주 잘한다.	아이의 조절능력이 걱정돼. 비난과 경멸 대신 아이를 위해 요구사항을 부드럽게 말하자.	게임과 스마트폰이 재미있지? 하지만 공부 시간만큼은 집중해 보자. 그런 다음 하는 게임은 더 홀가분하게 재미있을 거야.
열심히 해도 될까 말깐데, 그렇게 해서 대학 가겠니?	아이는 안 하려는 게 아니야. 노력하고 있는 부분을 안 보고 부족한 점만 지적하려고 하네.	꾸준히 노력하고 있다는 걸 알아. 대학보다 중요한 건 너 스스로 성장하고 있다는 자부심이란 걸 잊지 마.

사춘기 대화의 정석

3

(스마트폰)

"압수야.
스마트폰 가져와."

✗ 스마트폰을 뺏지 마세요.

⇨ 치명적인 불신을 품게 됩니다.

O 부모의 신뢰로 아이의 조절능력을 키워 주세요.

부모의 힘으로는 어쩔 수 없는 절박함

아이의 과도한 스마트폰 사용을 걱정하지 않는 부모는 없다. 부모교육에 참여한 부모들은 "어젯밤에도 스마트폰 때문에 난리가 났어요. 뺏고 뺏기고, 울고불고."라고 말하는 다른 부모의 말에 고개를 끄덕이며 그 고통에 서로 공감한다. 실제로 부모가 아이의 스마트폰을 망치로 부수고 베란다 밖으로 던지는 일들이 가정에서 일어나고 있다. 중2 수예 부모는 수예와 몸싸움 끝에 스마트폰을 빼앗았다. 그러자 수예는 실신 지경이 되도록 고함을 치고 펄쩍 뛰었다. 당황한 수예 부모는 스마트폰을 돌려줬고, 그 뒤로 무기력하게 수예를 걱정하며 지낸다.

이처럼 자신의 힘으로는 아이의 스마트폰 사용을 통제할 수 없다는 절박함을 느끼는 부모들은 정부 차원의 제재를 간절히 바란다. 여성가족부가 2024년에 실시한 〈청소년 미디어 이용 습관 조사〉에 따르면, 스마트폰 과의존 위험군은 중학생이 40.6%로 가장 높고, 고등학생이 33%, 초등학생이 26.2%였다. 어림잡아 중학생은 두 명 중 1명에 가깝고, 고등학생은 세 명 중 1명, 초등학생은 네 명 중 1명이 과의존이라는 말이다. 정도의 차이는 있지만, 거의 모든 가정이 스마트폰을 사이에 두고 아이와 사투를 벌이고 있다고 할 수 있다.

최근에는 유튜브 쇼츠, 인스타 릴스, 틱톡 등 1분 안팎의 짧은 동영상 숏폼 때문에 아이의 집중력과 주의력이 저하될 수 있다는 점에서 문제가 되고 있다. "그만 보고 싶은데, 하나만 더." 하며 계속 보게 되는 숏폼의 중독성과 자극적인 유해 광고가 많다는 점을 부모들도 잘 알고 있다. 그래서 걱정이 더 크다. 이 밖에도 SNS를 통한 또래 간 따돌림과 편향된 정보의 범람, 폭력적이거나 선정적인 콘텐츠를 무분별하게 접할 수 있다는 점 모두가 아이의 건전한 사고방식과 사회성을 키우는 데 방해가 된다. 공부에 필요한 집중력을 방해한다는 점 역시 큰 우려를 낳는다.

불안 세대

뉴욕대 교수 조너선 하이트는 그의 저서 『불안 세대』에서 청소년의 정신건강 문제를 집중적으로 조명했다. 그는 10대의 우울증, 만성 불안, 청소년 자살률의 폭발적 증가의 원인으로 스마트폰을 지목하며, 스마트폰이 청소년의 정신적 붕괴를 초래한다고 강력히 경고하고 있다. 하이트의 연구는 청소년을 보호하기 위한 부모, 사회, 국가의 관심과 사용 제재의 필요성을 강조하며, 스마트폰 사용의 병폐를 네 가지로 지목하고 있다. 그것은 사회성 결여, 수면 결핍, 주의력 장애, 중독이다. 이 모두는 청소년 발달에 심각한 해를 끼친다.

그렇다면 아이들이 스마트폰에 빠지는 이유는 뭘까? 사춘기는 기쁨과 호기심을 추구하는 도파민 분비가 최고조에 이르는 시기이다. 어른도 거부하기 힘든 스마트폰 내의 다채로운 앱은 아이들에게 치명적 끌림이 된다. 아이들은 이미 지속적인 학업 스트레스에 시달리고 있으며, 신체활동을 할 수 있는 놀이 시간이 현격히 줄어들었다. 코로나 시기의 사회적 거리두기와 온라인 환경으로의 갑작스러운 전환은 또래와 관계 맺을 기회를 앗아 갔고, 청소년기에 마땅히 누려야 할 자율성의 욕구마저 좌절됐다.

아이들은 스마트폰을 통해 좌절된 욕구를 충족하고 위안을 얻었으며, 지금도 그렇다. 자신을 표현하고 사회적 유대감을 느끼며, 다채로운 게임과 소셜 네트워크를 활용해 친구들과 실시간으로 소통한다. 스마트폰은 즐거운 놀이터이자 타인과 연결되는 장이다. 스마트폰은 무료함을 달래 주고 외로움을 해소하며, 심지어 용돈을 벌 수 있는 기회를 제공한다. 인간의 내장기관은 5장 6부인데, 스마트폰은 아이들에게 또 하나의 장기로 없으면 생명에 위협을 느낄 만큼 중요하다. 즉, 아이들에게 스마트폰은 새롭게 추가된 장기로 '5장 7부'가 되는 셈이다.

더 나은 현실 경험의 중요성

그러나 하이트가 지목하는 것처럼 스마트폰의 장점이 청소년에게 미치는 심각한 폐해를 보상할 수는 없다. 하이트는 "청소년은 사춘기가 시작되면서 우울증과 불안 비율이 급증하는 시기"라고 언급하며, "청소년이 자신의 쓸모를 느끼고 현실 세계 공동체와 연결돼 있다는 감각을 갖는 것이 사회성과 정서 발달에 아주 중요하다."라고 강조한다. 그는 청소년기 부모들이 지금 당장 해야 할 일을 다음 두 가지로 제안한다. 첫째는 십대들이 현실 세계에서 더 질 좋은 경험을 많이 쌓게 하는 것이며, 둘째는 화면 경험을 줄이는 것이다.

하이트의 제안은 스마트폰에 중독되지 않도록 현실에서 질 좋은 경험을 갖도록 하라는 것이다. 사이먼 프레이저 대학교의 브루스 알렉산더 교수의 '쥐 공원(Rat Park)' 실험은 긍정적 경험이 중독 예방에 얼마나 중요한 요인인지 증명하고 있다. 실험 내용을 요약하면 이렇다. 좁고 단조로운 환경에 갇힌 '쥐 공원'의 쥐들은 모르핀에 쉽게 중독되었지만, 넓고 다채로운 자극과 자유롭게 상호작용하는 쥐들은 중독되지 않았다. 쥐 공원에는 다양한 장난감, 터널, 그리고 여러 쥐가 함께 생활할 수 있는 공간이 포함되어 있었다.

이 연구로 현실의 흥미 있는 도전과 정서적인 연결이 청소년 스마트폰 중독 예방에 주효한 것을 알 수 있다. 당신은 장시간 스마트폰을 사용한 후 기분이 어떤가? "와! 오늘 두 시간이나 쇼츠를 봤네. 뿌듯하다."라고 만족할 사람은 없다. 대부분 찜찜하고 부정적 감정이 밀려든다. 전두엽이 미성숙한 아이들은 그 기분을 모면하고 싶어 다시 또 스마트폰에 접속한다. 여기에 답이 있다. '쥐 공원' 연구처럼 학업만 강요하는 열악한 환경이 아니라 사람들과 흥미 있는 활동을 할 수 있는 환경에 있다면 스마트폰에서 빠져나오기가 훨씬 쉽다.

그러나 사춘기 아이들에게 긍정적인 활동을 제안하고 정서적인 연결감을 마련해 주기란 상당히 어려운 일이다. 가장 어려운 일은 아이가 부모에 대한 신뢰가 낮아 '쥐 공원'과 같은 유용한 활동과 환경을 마련해도 마음을 열지 않는다는 것이다. 이런 경우에는 속수무책으로 스마트폰 세상에서 길을 잃고, 상처를 받고, 경제적 손실이 일어날 가능성이 높아도 부모가 미리 예방할 수 없다. 신뢰가 있어야 유해성도 알리고 유익한 활동도 소개하고 사용 규칙도 합의할 수 있다.

사랑받고 있다고 느끼도록 하는 것

아이들의 스마트폰 중독 예방은 부모와 신뢰를 회복하는 여정과 같다. 어떻게 사춘기 아이와의 신뢰를 회복할 것인가? 세계적인 심리학자이며 부부 관계 연구의 권위자인 존 가트맨 박사의 연구를 부모 자녀 관계에 적용하여 그 해법을 찾을 수 있다. 신뢰 있는 관계는 긍정과 부정의 상호작용 비율이 5:1이거나 그 이상이다. 이 비율에서는 부모가 아이에게 화를 내도 아이는 부모를 불신하지 않고, 자신을 위해 애쓰는 부모의 노고를 인정한다. 그리고 부모의 훈육과 제안을 저항 없이 수용할 가능성이 높다.

긍정보다 부정의 비율이 높은 경우는 어떨까? 부정성이 높아 신뢰하기 어려운 배우자에게 값비싼 선물을 받는다면 '무슨 꿍꿍이로 이러지?' 하며 오히려 반감과 의심이 생기는 것처럼, 아이 역시 그렇다. 부모가 무병장수할 수 있는 귀한 산삼을 천신만고 끝에 캐서 아이에게 먹이려고 해도 아이는 "싫어. 싫다고!" 하며 끝내 먹지 않고 스마트폰 화면을 터치할 것이다. 따라서 부모는 5:1 또는 그 이상의 긍정적 상호작용으로 아이와 신뢰를 키우는 게 중요하다. 관건은 돈 보스코 성인의 말처럼 아이가 사랑받고 있다고 느끼도록 하는 것이다.

아이가 사랑받고 있다고 느끼도록 하려면, 부모가 주고 싶은 것을 주는 방식이 아니라 아이가 받고 싶은 것을 주는 방식이어야 한다. 부모는 아이가 긍정적으로 느낄 만한 말과 행동의 목록을 10개 이상 갖고 실행하는 게 좋다. 아이에게 직접 물어봐서 원하는 걸 해 주면 더욱 좋다. 아이들은 대체로 용돈을 원하거나 공부를 안 해도 잔소리를 듣지 않기를 바랄 것이다. 전부를 들어줄 수는 없더라도 아이의 영향력을 '약간은' 받아들일 수 있다. 아이 역시 공부의 분량을 전부 철회하거나 상당한 액수의 용돈을 바라는 건 아니다.

아이의 기분 상태를 살펴 긍정성을 쌓을 수 있는 활동도 모색하자. 혹시 아이가 스마트폰에 빠지기 전 좋아했던 활동을 기억하는가? 축구, 만화, 레고 조립, 독서, 노래, 그리기, 클라이밍, 방송 댄스 같은 취미를 다시 해보자고 제안할 수 있다. 부모가 직접 솜씨를 발휘해 만든 소박하지만 따뜻한 밥상은 어떤가? "널 생각하면서 정성스럽게 만들었어." 하고 권할 수 있다. 손글씨로 아이의 장점과 고마운 점을 적어 스마트폰 케이스나 열쇠고리와 같이 선물하기, 뜻밖의 용돈 등은 감동을 줄 수 있다.

처음 자전거 타기를 가르치며 지지와 격려를 보냈던 때도 있고, 배드민턴을 함께 치며 뻐근해진 손목을 주물러 주던 추억도 있을 것이다. 인라인 스케이트를 타며 속도감을 즐기던 아이의 얼굴은 얼마나 시원해 보였는가? 보드게임이나 영화 관람, 등산도 좋다. 바닷가에서 조개를 잡거나 노를 저어 래프팅 하던 추억도 떠올려 보라. 아이가 허락한다면 함께 다시 해보자. 발을 주무르거나, 정성스럽게 갠 옷을 서랍장에 두며 기도하는 마음을 가질 수도 있다. 아이가 사용하는 수건을 잘 말려 준다거나 신발을 가지런히 정리해 주는 것도, 작지만 지속해서 신뢰를 회복하는 방법이다.

"부모가 아이를 안전하고 예측이 가능한 환경에서 키울 수 있도록 돕는 것은 국가적 차원에서 이루어져야 한다." 트라우마 연구의 권위자인 베셀 반 데어 콜크는 이렇게 말한 바 있다. 현재 부모들은 아이들의 미래를 불안 속에서 지켜보고 있다. 청소년의 스마트폰 과의존 문제는 세계의 공통된 문제로 미국, 호주, 프랑스에서는 정부 차원의 제재를 가하고 있다. 그러나 우리나라는 언제 그런 정책이 마련될지 알 수 없다. 현재는 부모가 더 나은 환경을 조성하고 신뢰를 쌓는 노력이 우선이다. 힘겹고 또 고달프지만, 분명 아이는 부모의 진심에 반응해 가상과 현실의 균형을 찾을 것이다.

4

(교사와의 갈등)
"선생님께 하는 짓이
이게 뭐야?"

✗ 보이는 것만 나무라지 마세요.

⇨ 말과 행동이 엇나가고 복수심이 생깁니다.

○ 인간관계 갈등을 조절하고 관리하는 방법을 알려 주세요.

"담탱이 존나 빡치네. 아, 재수 없어." 서빈이는 등교 후 스마트폰을 수거함에 넣지 않아 벌점을 받았다. 문제는 친구와 똑같이 안 냈는데 서빈이만 스마트폰을 일주일간 압수한다는 선생님의 '처분'이었다. 친구는 하루 만에 돌려받았다. 서빈이는 자신이 공부 잘하는 아이와 차별대우를 받았다는 생각에 불만이 컸다. 선생님을 거칠게 노려보고, 책상을 '탕' 하고 주먹으로 치는가 하면 욕도 했다. 선생님은 서빈이를 다른 선생님들이 있는

교무실로 불러 서빈이의 불손한 태도를 나무랐다.

"너! 선생님한테 하는 짓이 이게 뭐야?"

"제가 뭘요?"

(주위 선생님들에게 서빈이를 가리키며) "이 아이 태도가 지금 선생님에게 하는 태도 맞아요?"

"아! 선생님이 먼저 열받게 했잖아요!"

"네가 잘못한 건 생각 안 해? 계속 이런 식으로 하면 부모님 오시라고 할 수밖에 없어."

"아니, 어쩌라고!"

똑같은 잘못에 차별받은 것도 억울한데 서빈이를 더욱 화나게 한 것은 주변 선생님들에게 서빈이 잘못에 동의를 구하고, 부모님을 학교로 부른다는 말이었다. 이날 서빈이는 교무실 문이 부서져라 요란하게 밀고 나갔다. 그리고 서빈이 부모는 담임 선생님의 연락을 받았다. "서빈이 부모님, 서빈이 때문에 그러는데요. 학교 한번 방문해 주시겠어요?"

교사와 학생 사이는 모든 인간관계가 그렇듯 갈등이 없을 수 없다. 학생이 교사에게 단순한 불만을 품은 경우는 친구들과 험담하거나 수업 시간에 태만한 태도를 보이는 정도로 지나간다. 하지만 교사가 학생을 차별하는 일은 서로에게 앙금이 오래 남는 대표적인 갈등 요인이다. 아이들은 교사의 고른 관심과 지지를 기대하기보다 차별받지 않기를 바란다. 차별은 사춘기 아이의 불만을 증폭시킨다. 전두엽의 미성숙으로 상황은 악화되기 일쑤다.

이런 상황에서 "너는 애가 왜 그러니?"식의 비난이나 경멸을 부모나 교사에게 받게 되면 억울함과 짜증과 분노를 무분별하게 표출하기도 한다. 서빈이의 경우처럼 주변 교사들에게까지 학생의 잘못에 대해 동의를 얻고 부모님을 학교에 오게 하는 것은 마른풀에 불을 놓듯 분노를 유발한다. 사춘기 아이는 부모에게 불손하고 때로 무시하는 듯해도 다른 사람이 부모를 힘들게 하는 것은 참기 힘들어한다.

서빈이는 억울함과 서운함, 모멸감과 분노를 느낄 만한 상황이었다. 감정을 표현하고 그 마음을 알아주는 누군가 있다면 좋을 텐데 그럴 만한 사람이 학교에도 집에도 없다면, 학업과 일상의 적응이 어려울 정도로 마음에 상처를 입을 수 있다. 이는 스트레스로 작용해 심장의 두근거림과 두통을 일으키며, 반항이나 무기력으로 드러난다. 교사도 학생 지도에 어려움을 느낀다. 교실 내 다른 학생들에게 부정적 영향이 가는 것은 물론이다.

아이는 부모에게 선생님에 대한 불평과 불만을 토로할 때가 있다. 대략의 상황을 파악한 후에는 다음과 같은 말을 자제한다.

"상황을 들어 보니 네가 먼저 잘못했네."
"그래도 그렇지 네가 선생님에게 그렇게 함부로 하면 되니?"

"이런 일로 부모가 학교에 불려 가고 그러면 되겠어? 내가 너 때문에 아주 창피해서."

"그 선생님 아주 안 되겠네."

이런 말 대신 '아이에게는 그럴 만한 이유가 있을 거야.'라는 타당성을 염두에 두고 아이 마음에 주목한다. 감정이 누그러지면 불평은 줄어든다. 아이의 감정이 다소 누그러진 뒤 잘못을 알려 줘도 늦지 않다. 이때 부모는 아이와의 대화가 순조롭게 진행되기를 기대하기보다 진정성으로 다가간다. 어려운 일이지만 부모라서 할 수 있는 일이다. 이런 상황에서 대화의 목적은 아이에게 누적되어 있는 부정적 감정을 풀어내는 데 있다.

그러므로 아이가 같은 말을 반복하거나 거친 말을 하더라도 인내심을 갖고 듣는다. 들을 때 초점은 '아이가 바랐던 것은 무엇인가?'이다. 결국 아이는 선생님에게 이해와 존중, 공정함을 원했을 것이다. 원하는 것이 좌절된 상황이니 "그만하지 좀." 하는 뉘앙스가 전달되지 않도록 한다.

다른 방법을 하나 더 소개하면, 인터넷 등에서 검색하여 다양한 감정 단어를 출력하고, 아이가 경험한 감정의 이름을 알려 준다. 이것은 자신이 느끼는 감정에 이름이 있다는 것을 알려 주어 자신을 객관적으로 바라보게 할 수 있다. 예를 들어 '짜증(또는 억울함)'이라는 감정 단어가 있다면 다음과 같이 말한다.

"선생님과의 갈등에서 짜증(억울함)을 느꼈던 일은 어떤 일이야?"

"선생님이 차별대우를 하셨을 때 너는 어떤 기분이었는지 감정 카드에서 골라 볼래?"

"그런 상황에서 억울함을 느끼는 건 누구나 그럴 수 있지. 엄마라도 그런 기분이 들었을 거야."

인간관계에서 발생하는 갈등은 매듭을 짓고 넘어가기 쉽지 않다. 물리적 공간에 매여 지속되는 타인과의 관계에서는 더욱 그렇다. 그러니 부모는 완벽한 해결책을 아이에게 알려 주려는 마음을 내려놓는다. "다음에는 이렇게 해라." 하는 식의 훈계도 내려놓는다. 어른인 우리도 갈등을 빚는 관계를 깔끔하게 매듭짓지 못하고 넘어가는 일이 얼마나 많은가. 다만, 아이의 쌓인 감정을 판단 없이 들어 주는 것만 해도 부모는 큰일을 하는 것이다. 아이의 이야기를 들어 주는 일도 부모로서는 엄청난 에너지가 사용되는 일이며, 그 노고로 아이는 마음의 안정을 어느 정도 찾을 수 있다.

이외에 부모와 함께 여행하는 것도 방법이다. 여행은 매일 등교해서 마주해야 하는 선생님과의 감정 고조를 전환해 고갈되는 에너지를 막고 충전하는 기회가 된다. 여행을 제안할 때는 '선생님 때문'이라는 이유를 대기보다 자연스러운 가족여행이 되도록 하는 것이 좋다. '선생님 때문'에 가는 여행이라면 여행의 목적에서 부정적 인식이 들 수 있으므로 유의한다. 아이가 여행에 지나친 거부반응을 보이지 않는다면 가족을 통해 힘을 얻을 수 있다.

다음은 교사에게서 학교에 와 달라는 연락을 받았을 때이다. 교사는 학생과 불편한 상황이 지속되는 것을 원하지 않는다. 부모는 학교를 방문할 때 교사에 대해 방어적인 태도를 보이기보다는 교사의 의도를 짐작하는 데 신경 쓴다. 결국 선생님도 부모와 아이의 도움이 필요하다. 아이에게도 억울한 사정이 있겠지만, 교권이 추락한 열악한 상황에서도 최선을 다하는 선생님들이 많이 있다. 모든 학생에게 고른 인정을 베풀 수 없는 불완전한 선생님일지라도 애쓰는 선생님의 노고를 인정하고, 선생님이 우리 아이에게 바라는 점이 무엇인지 귀 기울여 듣는다. 아이의 잘못은 꾸짖되 인격적인 존중과 평등을 고려해 주십사 부탁할 수 있다.

"선생님 노고에 감사드립니다. 선생님의 취지를 아이에게 전달하고 이런 일이 생기지 않도록 집에서도 잘 지도하겠습니다. 아마도 우리 아이는 선생님의 공정함을 바랐던 것 같아요. 그런 아이의 바람을 조금만 알아주시면 감사하겠습니다."

갈등의 간극을 좁히는 일은 차라리 갈등상태를 유지하는 것이 나을 정도로 어렵다. 그럼에도 부모는 힘들어하는 아이를 혼자 있게 내버려두거나 선생님을 찾아가 항의하는 식의 방법은 신중하게 생각해야 한다. 아이가 배워야 할 것은 갈등에서 빚어지는 자신의 감정을 무관심한 상태로 두거나 무분별하게 표출하는 것이 아니라 돌보는 방법이다. 상대를 바꾸려고 시도하거나 원망할 것이 아니라 자신이 활용할 수 있는 인적 자원과 물리적 자원을 통해 감정을 조절하는 힘을 갖는 것이다. 선생님은 1년 담임이지만 부모는 아이의 평생 담임이다. 부모는 아이가 선생님에게 원했던 인격적인 존중을 메꿔 줄 수 있다.

5

(음주와 흡연)
"한 번 더 눈에 띄면 그때는 가만 안 둬."

✖ 감정적인 대응을 자제하세요.

⇨ 더 큰 스트레스로 긴장감이 올라가고
역효과가 납니다.

⭕ 아이의 행위가 아닌 아이의 존재를 존중해 주세요.

어리고 순진하기만 했던 우리 아이가 술과 담배를 한다고 생각해 보라. 얼마나 당황하고 낙심하겠는가. 어떤 부모는 아이에게 무섭게 화를 내며 "한 번 더 눈에 띄면 가만 안 둬."하고 경고를 하고, 또 어떤 부모는 "제발, 이건 건강에 안 좋은 일이야. 다시는 하지 마."라고 빌며 애를 태울 것이다.

사춘기 아이들이 술과 담배를 하는 동기는 호기심에서 비롯되는 경우가 많다. 어른을 흉내 내고 싶은 마음과 금기시하는 것에 대한 도전과 반항이기도 하다. 심적인 고통과 외로움 가운데 술과 담배를 하는 무리 사이에서 동질감을 느낀 것이 계기가 되기도 한다. 처음부터 술과 담배의 맛을 알았다기보다 위안의 수단이 된 것이다.

사춘기 시절, 나는 어느 으슥한 골목에서 한 모금의 담배 연기를 삼킨 적이 있다. 매캐한 연기가 목구멍을 막고 코를 찔렀을 때 어찌나 괴롭던지. 이후 두 번 다시 담배에 호기심을 갖지 않았다. 술은 수학여행 때 처음 마셔 봤는데, 술을 사려면 신분증으로 성인 확인을 했기 때문에 쉽게 마실 수 없었다. 학생이 술과 담배를 하면 제재하는 학교의 선생님과 사회의 어른들이 있었고, 함부로 살 수 없는 분위기이기도 했다.

세월은 흘렀다. 십대 시절 나의 경험이 있더라도 우리 아이가 음주와 흡연을 한다면 수용하기 어렵다. 어디 나만 그렇겠는가. 단연코 관대하게 허용할 부모는 없다. 우선 건강에 해롭고, 한번 시작하면 끊기 어려우며, 불필요한 용돈 지출과 조절능력에 문제가 된다. 더욱 힘든 것은 부모가 아니면 사회에서 아이들을 올바로 이끌어 줄 장치가 거의 없다는 점이다. 학교에서 교사의 훈육을 기대하기에는 그 힘이 약하고, 사회에서 어른의 역할도 기대할 수 없다. 가령 길에서 교복을 입은 학생이 흡연하더라도 '내 아이만 아니기를' 바라며, '요즘 청소년은 무섭다.'는 생각으로 모른 척 외면하는 경우가 흔하다.

술도 그렇다. 한국은 유독 술에 관대하다. 영국이나 프랑스는 음주 광고를 전혀 하지 않는다고 한다. 외국의 주류회사들은 자체 규정을 통해 아이돌 스타나 유명 영화배우, 스포츠 스타는 광고에 출연시키지도 않는다. 한국은 유명 연예인들이 앞다투어 광고하는 것은 물론이고, 학자들마저 술을 마시며 대담하는 TV프로나 SNS 매체도 적지 않다. 한마디로 술 문화는 미화되고, 청소년들은 술에 대한 접근이 쉽다. 사춘기는 호기심이 많고 쾌락을 추구하는 도파민이 최고조에 이르는 시기다. 아이들이 술과 담배에 접근하지 않는 것이 오히려 이상할 정도다.

만약 아이가 술과 담배를 접한 사실을 알면 부모는 어떻게 하는 것이 좋을까? 알고도 속고, 모르고도 속는다는 말이 있다. 지나친 훈계와 꾸중은 역효과를 낼 수 있으므로 단순한 호기심에서 시작하여 그냥 지나가는 일인지 '모른 척'하고 시간을 두고 지켜본다. 유감스럽게 술과 담배를 지속해서 하는 걸 알게 된다면 감정적 대응은 자제하는 것이 좋다. 술과 담배는 긴장된 감정을 해소하고 싶어서 하는 경우가 많다. 부모의 감정적 대응은 스트레스와 반항심을 유발해 더욱 원하게 만든다. 주변을 보라. 부모가 화를 내서 술과 담배를 끊었다는 사람은 없다. 부모로서 훈육한다면 다음과 같이 담담하게 전해 보자.

"엄마(아빠)는 네가 건강하기를 바라. 술과 담배는 건강에 이롭지 않다는 것을 너도 잘 알 것 같아. 되도록 삼갔으면 좋겠어. 그

것이 쉽지 않다면 최소한의 예절을 부탁해. 담배는 어른들이 있는 장소와 학교에서는 주의하고, 정해진 공간에서 피워야 해. 술은 자신의 주량을 알고 무리하게 친구들과 많이 마시는 일은 정말 조심하고."

사춘기를 지나 청년기, 아니 어른이 되어서까지 음주와 흡연을 하더라도 부모는 자녀를 지켜볼 수밖에 없을 때가 온다. 완전히 독립한 개체로서 아이를 제재할 방법은 더 이상 없다. 그전에 부모는 아이와 관계를 되도록 원만히 유지해야 한다. 과도한 통제를 내려놓고 아이의 분별력과 자제력을 믿는 부모의 노력이 필요한 것이다. 더군다나 아이가 학업과 진로, 인간관계의 갈등과 같은 어려움이 있다면, 음주와 흡연을 자제하라고 하기보다 부모와의 관계가 더 이상 나빠지지 않도록 해야 한다.

술과 담배를 하는 자녀 때문에 마음고생을 많이 했다는 어느 부모를 부모교육에서 만난 적이 있다. 이 엄마는 중학교 때부터 아이의 술과 담배를 끊게 하려고 협박과 회유를 반복했지만, 통하지 않자 홧김에 손목을 두 번이나 그었다. 하지만 아이를 억압하는 방법으로는 반항심만 부추겨 폭력이나 절도까지 이어졌다. 결국 아이를 수용하기에 이른 것은 아이의 마음을 알게 된 이후였다. 아이는 부모의 잦은 불화와 이혼으로 불안했던 마음을 술과 담배에 의지해 온 것이다. 이제 술과 담배를 배척하는 것이 아니라 이것으로 아이와 한편이 되었다. 고등학교 졸업식에는 엄마가 직접 담배를 사다 아이에게 주었고 술도 따라 주었다. 이 엄마의 말이다.

"내가 살기 힘들다고 아이에게 반듯하게만 살라고 강제로 요구한 게 잘못이었죠. 아이가 왜 이런 행동을 하는지는 알려고도 하지 않았어요. 술과 담배보다 아이에게 해로웠던 것은 아이의 감정을 무시했던 저였어요. 진작 아이의 마음에 다가가는 노력을 했더라면 좋았을 것을요. 아이와 관계가 조금이나마 좋아지니 술 담배 하는 것이 뭐가 그리 나쁜 일인가 싶기도 하네요. 그것으로 아이는 위안을 삼고 버틴 것이니까요. 이제는 차츰 줄여 나가자고 했고, 아이도 노력해 보겠답니다."

부모는 사춘기 아이의 부적절한 행동을 자주 목격한다. 술과 담배도 그렇다. 이런 도전의 순간에 부모가 기억해야 할 것은 아이의 부적절한 행동을 존중하자는 말이 아니다. 아이의 존재를 존중하자는 말이다. 보이는 문제 행동 이면에 있는 아이의 존재를 귀하게 여기는 일, 이것은 유혹이 범람하는 시대에 사춘기 아이를 둔 부모에게는 너무나 어려운 일이다. 그렇기에 부모의 노력은 빛을 발한다. 아이는 건강하지 못한 말과 행동을 할 수 있지만, 중단 없는 부모의 사랑은 아이가 가진 잠재력에 빛이 된다. 술과 담배로 낙심하기에는 아이의 잠재된 가능성과 부모의 사랑이 참으로 크다.

6

(자퇴)

"자퇴가 그렇게
쉬운 줄 알아?"

✗ 부모의 고정관념 안에 아이를 가두지 마세요.

⇨ 학교와 부모에 대한 불신은 인생 태도에
영향을 미칩니다.

O 자퇴 유형을 구별하고, 정서적인 지지를 보내 주세요.

학교 밖 청소년과 부모의 불안

"나 자퇴할래! 학교를 왜 다니는지 모르겠어." 어느 날, 아이로부터 이런 말을 듣는다면 어떨까? 부모는 아이가 위험한 길인 줄 모르고 성큼성큼 앞으로 나아가려고 할 때 불안하다. 그중하나가 자퇴다. 부모는 아이가 안전한 학교에서 교육받고 상급

학교로 진학하고, 스승을 만나고 또래들과 관계의 기술을 습득하며 다시 못 올 학창 시절의 추억을 쌓아 가는 모습을 보기 바란다. 그런데 자퇴라니! 어떤 부모는 아이의 자퇴에 동의하기도 하지만, 많은 부모는 우리 아이가 일명 '학교 밖 청소년'이 되는 것을 원하지 않는다. 학교 밖 청소년이란 초등학교·중학교·고등학교의 정규 교육과정을 마치지 못하고 퇴학·자퇴·제적·유예·휴학·면제·미취학·미진학 등의 상태에 있는, 즉 재학 중이 아닌 청소년을 의미한다.

부모로서 아이가 학교 밖 청소년이 되는 것을 걱정하는 이유는 여성가족부에서 실시한 〈학교 밖 청소년 실태조사(2023)〉 결과로 설명할 수 있다. 조사에 따르면 학교 밖 청소년들은 학교를 그만둘 당시 검정고시를 보거나 대학 진학 준비를 계획했지만, 주변 사람들의 선입견과 무시(26.2%), 새로운 친구를 만들기 어려움(25.0%), 의욕 없음(24.2%), 진로 찾기 어려움(23.2%) 등을 겪는 것으로 나타났다. 이러한 통계가 아니라도 부모는 학창 시절 동안 학교 밖 청소년이 어떤 대우를 받는지 부정적 인식을 체감했다. 자퇴는 청소년 탈선을 나타낸다고 보기도 했다. 그러니 "엄마(아빠) 나 자퇴할래!"라는 말을 들으면 우선 말릴 수밖에.

물론 학교 밖 청소년 유형에 따라 부모의 수용 범위와 태도는 조금씩 다르다. 학교 밖 청소년 유형에는 검정고시 공부나 대학입시 준비 또는 복교를 위한 학업형, 직업 기술을 배우거나 아르바이트 또는 취업을 위한 직업형, 특정 목표 없이 아무것도 하지 않는 무업형, 가출하거나 보호시설, 사법기관 감독을 받는 비행형, 사회적 관계를 맺지 않고 집에서 나오지 않는 은둔형이 있다. 학업형인 경우 비교적 부모의 지지를 얻기 쉽지만, 그럼에도 시간이 지날수록 현실적인 어려움에 봉착하는 경우가 많다. 하물며, 특별한 계획이나 목표 의식도 없이 아이가 학교를 그만둔다고 하면 어느 부모라도 선뜻 허락하기 쉽지 않다. 그럼에도 점차 자퇴하는 학생의 비율이 늘고 있음은 주목할 필요가 있다.

교육부 최근 자료에 따르면, 초·중·고등학교를 그만두는 학생의 수는 2020년 3만 2027명에서 2021년 4만 2755명, 2022년 5만 2981명으로 증가해 현재 학교 밖 청소년은 약 17만 명에 이른다. 코로나 이후 개시된 대면 수업 적응 및 또래 관계에 어려움을 느끼는 아이들과 대학 입시에서 학교의 한계를 느끼는 아이들의 자퇴가 늘고 있다.

여성가족부 통계로 자퇴 이유를 살펴보면, 중학교는 심리적·정신적 문제가 28.8%를 차지했고, 고등학교는 같은 이유가 40%에 달해서 학년이 올라갈수록 심리적·정신적 문제가 높은 비중을 차지했다. 심리적·정신적 문제로는 학교 시스템에 대한 불만, 학업에 대한 부담, 교사와의 갈등, 또래와 어울림의 문제 등이 있으며, '학교에 다니는 게 의미 없어서'라고 답한 비율도 2021년도 기준 37.2%에 달한다.

자퇴를 고민하는 아이에게 다가가는 방법

그렇다면 아이의 자퇴 발언을 들은 부모는 어떻게 하는 것이 좋을까? 먼저 아이가 일회성으로 하는 말인지 아닌지 민감성을 갖고 살피되, 부모 자신의 마음을 돌본다. 다른 도전 상황에서와 마찬가지로 부모의 중심이 흔들리면 아이에게 마음으로 다가가기 어렵다. 세상이 아무리 빠른 속도로 변하고 있다고 하더라도 '학생은 학교를 졸업할 때까지 다녀야 한다'는 신념은 쉽게 유연해지는 것이 아니다. 아이의 이야기를 충분히 수용할 수 없는 자신의 마음을 인정한다. 누구나 아는 정해진 큰길에서 이탈하여 한 번도 가 본 적 없는 새로운 길을 아이와 동행해야 하는 일은 어느 부모라도 쉽지 않다.

그러나 부모의 선입견과 편견, 고정관념으로 아이의 불편한 감정을 억누르거나 무시해서는 안 된다. '1~2년만 버티면' 또는 '저러다 말겠지.' 하는 생각으로 아이 말에 귀를 닫게 되면 '믿고 의지할 부모가 내 말을 안 듣네.' 하는 불신이 쌓이고, 이것은 부모 관계와 아이의 인생 태도에 부정적 영향을 미친다.

부모가 자신의 마음을 어느 정도 다독였다면, 다음은 아이의 입장에서 생각해 본다. 아이도 학교에 다녀야 하는 이유를 모르지 않는다. 자퇴까지 생각했을 때는 그만한 고충이 있는 것이다. '괜히 부모 신경 쓰이게 하는 아이'가 아니다. 학교는 더 이상 아이에게 안전한 공간도, 스승을 만날 수 있는 곳도, 또래와 우정을 쌓을 수 있는 곳도 아닐 수 있다. 아이에게 필요한 상호 존중과 물리적 안전, 정서적 안정감이 더 이상 확보되지 않은 가운데 학교를 다니는 것은 의미가 없다고 느낀다.

어떤 이유로든 자신이 겪는 문제를 해결하기 위해 적극적인 의지를 밝힌 아이다. 부모가 안심하고 선뜻 동의할 수 없을지라도 아이는 자신의 길을 찾기 위해 방법을 찾으려는 것이다. 고독과 불안 가운데 아이가 있다. 그러니 아이를 비난하거나 무관심하지 말기 바란다. 만약 아무것도 하고 싶어 하지 않는다거나 비행 또는 은둔을 위해 자퇴를 결심한 아이들이라면 더욱 관심과 돌봄의 손길이 필요하다. 아이는 자신의 힘든 마음을 자퇴로 표현한 것일 뿐, 이면에 깊이 자리한 상처가 있을 수 있으므로 특히 주의를 기울인다.

아이와 대화를 시도할 때는 되도록 편안한 분위기를 만들고, 진정성을 담아 "자퇴를 생각한 이유가 궁금해."라고 말한다. 아이의 말을 듣고 난 다음 "그런 일이 있었구나. 말해 줘서 고맙다. 너 혼자 고민이 많았겠다. 우리 함께 방법을 찾아보자."라는 취지의 말을 전한다.

이때 부모와의 대화로 실마리를 잡을 수 있는 것인지, 전문상담사의 도움이 필요한 것인지 자퇴 유형을 구별한다. 더불어 아이의 심적 부담 정도를 0에서 10으로 놓고 봤을 때 10점에 가까운 점수라면 전문가의 상담을 받도록 하고, 5점 미만이라면

"자퇴가 최선인지 생각해 보는 의미에서 우리 생각할 시간을 2주간 가져 보자."라고 해서 숙려기간을 갖도록 한다.

이 기간 동안 '학교 밖 청소년'이라는 주제로 자퇴할 경우의 장단점을 비교하고, 자퇴 후 학업 계획과 예상되는 어려움, 그 어려움을 헤쳐 나갈 만한 유관기관 등에 관한 내용을 부모와 아이가 서로 공유한다. 이것은 문제 해결을 위한 다양한 시도와 방법을 선택하는 데 역할 모델이 된다.

이렇게 아이와 대화하고, 숙려기간을 갖는 것은 자퇴 실행 여부를 결정하는 것에 있지 않다. 아직 다가오지 않은 미래에 대한 염려를 미리 해결하고자 하는 것도 아니다. 일방적으로 아이의 말을 듣고 아이의 의견대로 따르겠다는 것도 아니고, "네 마음을 돌려."도 아니다. 아이가 겪는 심리 정서적인 문제에 부모가 함께 관심 갖고 '자퇴'로 표현하고자 하는 심리적 고충을 진지하게 듣는 데 의미가 있다. 또한 아이가 '우리 부모님은 내가 힘들 때 지지하고, 어떤 선택이라도 존중하려고 애쓰는 분들이야.'라는 신뢰를 줄 수 있다.

열다섯 살에 중학교를 자퇴한 후 〈홈스쿨링 생활백서〉를 운영하고 있는 송혜교 대표가 쓴 『열다섯, 그래도 자퇴하겠습니다』에는 그녀의 어머니가 쓴 글이 나온다.

"학교에 다니든, 다니지 않든 아이에게 가장 편안한 곳은 가정이어야 합니다. 내게 어떤 고민이 있어도 부모님과 상의할 수 있다는 안도감이 있다면, 두려움이 사라집니다. 그렇게 자존감이 높아진 아이는 자퇴 여부와 상관없이 당당하게 살아갈 수 있겠지요."

아이는 부모에게 어떤 이야기라도 지지받는 경험이 필요했기에 자퇴를 고려하는 상황이 펼쳐졌을지 모른다. 그러니 조금만 더 힘을 내서 아이의 마음에 다가가자. 힘든 상황에서 안정감을 주는 부모가 있다는 것은 아이에게 삶의 안식처를 선물하는 것과 같다. 안식처는 힘들 때 쉴 수 있고, 더 넓은 세상을 탐색하는 거점이 되는 곳이다.

7

(부부 갈등)
"당신 때문에 애가
저러는 거 아니야!"

✗ 배우자를 탓하지 마세요.

⇨ '남 탓'은 갈등만 키울 뿐입니다.

O 사랑과 신뢰의 힘을 믿어 보세요.

두 아이가 사춘기를 지날 무렵, 남편과 주말부부로 지내던 때의 일이다. 남편이 퇴근하고 집에 왔을 때 아이들은 인사는커녕 내다보지도 않는 날이 종종 있었다. "아빠 오셨다. 나와서 인사드려."라고 해도 빼꼼히 방문을 열어 영혼 없는 말을 흘릴 뿐이었는데, 그마저도 발음이 뭉개져 잘 들리지도 않았다.

하루는 남편이 아이의 방문을 열고 "아빠 왔는데 얼굴 좀 보자."라고 했다. 아이는 자신의 방문이 열릴 줄 몰랐는지 갑자기

"아니, 왜 남의 방문을 여는데?"라며 짜증을 냈다. 남편은 '이게 웬 봉변인가?' 하는 표정을 지으며 묵은 감정을 쏟아내듯 말했다. "그래. 내가 이 집에 안 들어오면 되겠네." 남편의 말을 아이가 듣기나 했는지 이내 방문이 닫혔다.

나는 속으로 여러 가지 생각이 들었다. 평일 동안 일하다 온 아빠를 아이들이 반겨 주었으면 하는 마음, 아이들이 인사를 건성으로 하더라도 남편이 모른 척 넘어가 줬으면 하는 마음, 아이들의 반응에 남편이 상처받지 않았으면 하는 마음, '아! 이럴 때는 내가 뭐라고 중재를 해야 하나?' 하는 난감한 마음이 엉겼다.

엉긴 마음은 짜증과 화로 증폭돼 괜히 남편을 향했다. "아니, 애가 놀라서 하는 말 가지고 왜 그런 식으로 말해요? 누가 당신보고 집에 오지 말라고 했어요?" 남편도 나보다 더 짜증이 났다는 것을 보여 주고 싶었던지 이렇게 말했다. "당신이 집에서 잘못하니까 애들이 저러는 거 아니야!"

이쯤 되면 아이들 일로 부부가 싸우는 일은 순식간이다. 부부가 합심해서 아이를 대해도 부족할 마당에 언쟁과 불화는 각자 외로운 섬에 있는 것처럼 몸과 마음, 영혼까지 피폐하게 했다. 아이들에게 정서의 불안을 안겼고, 심리적 거리는 더욱 멀어졌다. 나와 남편에게는 서로의 감정을 악화시키지 않으면서 상황을 호전시킬 방법이 필요했다.

그러다 옥시토신에 대해서 알게 됐다. 옥시토신이란 일명 '애정 호르몬'이라고 불리며, 사람들 사이에 유대감을 강화하고 사랑과 신뢰를 높이는 역할을 한다. 옥시토신의 분비를 촉진하는 방법으로 스킨십이 있다. 스킨십은 가볍게 등을 쓰다듬거나 손을 잡고, 어루만지는 행위까지 다양하다. 스킨십을 통해 분비되는 옥시토신은 감정의 교류와 심리적 안정감을 증진하는 중요한 역할을 한다.

나는 남편에게 스킨십을 제안했다. "여보. 우리 아이들 일로 속상할 때 서로 안아 주기로 해봐요. 짧은 시간이라도 접촉을 하면 옥시토신이 나와서 감정을 진정시키는 데 도움이 된대요." 나의 말을 들은 남편은 "아, 됐어."라며 하나도 도움이 안 될 거라는 식으로 반응했다. 처음 시도할 때 어색함을 무릅쓰는 것이 문제지 손해 볼 일은 없을 것 같았다. 남편의 시큰둥한 반응에도 불구하고 나는 옥시토신의 효력을 믿어 보기로 마음먹었다.

그리고 남편이 감정이 상해서 뜨거운 한숨을 내쉬거나 당장이라도 아이들 방문을 열어 격돌할 것 같은 순간에 가만히 등에 손을 올리거나 토닥이며 가볍게 안았다. 부드러운 물리적 접촉이 남편에게 어떤 반응을 일으켰는지 그때는 잘 몰랐다. 우선 달라진 건 나의 마음이었다. 스킨십을 하는 동안 남편과 아이들을 향하던 원망과 비난의 마음이 다소 누그러들었다.

이런 행위가 남편에게도 긍정적 효과가 있었던 모양이었다. 내 감정이 쉽게 진정되지 않을 때 남편이 "옥시토신 나오게 합시다."라며 안아 주었다. 내가 먼저 제안했지만, 나 역시 처음에는 남편이 안아 주려는 행동이 불편하고 싫었다. '이 사람이 왜 이러나' 싶기도 했다. 하지만 잔잔한 효과는 분명히 있었다. 기압이 팽창한 풍선에 미세한 바늘구멍을 낸 것 같다고나 할까. 시간은 더디 걸렸지만. 스킨십에는 분명 진정 효과가 있었다.

그렇다고 스킨십으로 부부 간의 모든 갈등을 해결할 수는 없다. 상황에 따라 도무지 스킨십이 내키지 않는 경우가 있다. 스킨십이 불편하거나 익숙하지 않은 사람도 있을 것이다. 그럴 땐 "내가 당신 손을 좀 잡아 줘도 될까?"라는 말로 동의를 구하고 손만 잡고 있어도 된다. 그것도 여의찮다면 마음속으로 '내가 당신의 고통을 봅니다.'라고 말하며 곁에 머물러만 있어도 좋다.

배우자가 곁에 없거나 지지를 구할 수 없는 상황에서는 어떻게 할까. 그럴 때는 자신의 양팔을 X자로 교차해서 몸을 안아 주는 셀프 허그도 좋다. 신체적 접촉과 관련된 이전 연구들을 보면 셀프 허그도 유사한 효과를 기대할 수 있다. 나는 남편이 없는 동안에 부정적 감정의 소용돌이에 빠지는 날이 많았다. 또는 남편이 곁에 있어도 지지를 구할 수 없는 날들이 있었다. 그럴 땐 부엌 구석으로 가서 내가 나를 안아 주며 토닥였다. '힘들지? 마음이 아프기도 하고…. 그래! 이건 힘든 일이야. 어떤 부모라도 힘들다고 느낄 만한 일이지.'

이런 방법 역시 감정을 완전히 조절하거나 상황을 바꿀 수 있는 것은 아니다. 그러나 무력감에 빠져 허우적거리는 상황에서 무언가 할 수 있다는 자체가 의미 있었다. 거기서 파생된 힘으로 흥분된 감정을 진정시킬 수도 있었다. 나를 위로하는 만큼 힘들어하는 남편에게 지지를 보낼 수 있었고, 아이를 위해서 마음을 추스를 수 있었다.

아이는 부부 공동의 양육이 필요하다. 아이를 위해 서로 애쓰며 고단함을 느낄 배우자에게 시시비비를 가리는 대신 진심 어린 지지를 보내면 어떨까. 어느 부모나 사춘기 아이로 힘겨운 순간들이 있다. 그럴 땐 서로의 돌봄을 기대한다. 이럴 때 나부터 나를 안아 주자. 그리고 배우자와 스킨십을 시도해 보자. 세상 누구보다 내 아이를 사랑하는 배우자와 위로를 주고받는 일은 아이에게도 정서적 안정감을 주는 일이다.

스킨십과 더불어 다음과 같은 말로 서로의 노고를 진심으로 알아주는 마음도 전해 보길 바란다.

"내가 신경 쓰지 못한 것도 많은데, 당신 덕분에 안심이 돼."

"이만큼 키우느라 당신 애썼지. 당신 힘든 마음 내가 다 모를 수도 있지만 항상 고마워."

"이렇게 힘들 때 우리가 서로 의지하고 아이를 믿고 바라봐 주면 아이도 안정감을 찾고 더 성장할 거야."

"당신 이 정도면 충분해. 당신 아니면 누가 우리 아이들을 이만큼 사랑하겠어."

"나도 아이 일에 조금 더 신경 쓰고 잘해 볼게."

사춘기 대화의 정석

8

（절도）

"네가 도둑이야?
할 짓이 없어서 훔쳐?"

✗ 일탈 행위만 나무라지 마세요.

⇨ 욕구 불만이 해소되지 않으면 집착이 생깁니다.

⭕ 마음을 이해하는 것으로 아이의 올바른 도덕성을
키워 주세요.

나의 사춘기 시절 이야기다. 나는 명동 거리 노점상에서 반지나 목걸이 같은 액세서리를 훔쳤다. 양심의 거리낌보다는 재미를 느꼈던 것 같다. 친구가 주인에게 가격을 물으며 주의를 끌면 그때가 타이밍이었다. 역할을 바꿔 가며 훔치기도 했다. 당시 같은 반 아이 중에 몇 명이 팬시점이나 의류 매장에서 훔친 물건을 자랑하는 게 아닌가. 그때는 왜 그것이 재미있게 보였는지.

모방 심리와 그 시절 특유의 화학반응이 친구와 의기투합되면서 나쁜 짓을 했다.

얼마 뒤 언니에게 액세서리 훔친 것을 보여 주며 "나 이거 훔쳤다."라고 자랑했다. 그러자 언니는 나를 몹시도 한심하게 바라보며 "다른 사람의 물건을 훔치는 건 나쁜 짓이잖아."라고 말했다. 그때는 무안함을 느꼈지만 차츰 깨달았다. '아! 이건 하면 안 되는 일이구나!' 그렇게 나의 절도 행각은 어른들에게 발각된 적 없이 막을 내렸다.

옷이나 화장품, 팬시 용품 또는 편의점에서 먹을 것을 훔치는 아이들의 사연으로 부모들은 시름이 크다. 걱정과 불안을 한가득 안은 부모들의 대화 내용의 요지는 '이런 아이들을 어떻게 하면 좋으냐?'라는 것이다. 부모님 지갑에서 돈을 가져다 PC방에 간 아이들의 이야기는 단골 메뉴다. 한 부모님은 "하늘이 무너지는 것 같았어요. 제가 아이를 잘못 키웠나 싶어 정말 우울해요. 어떻게 부모 지갑에 손을 대서 PC방을 갈 수 있나요?"라고 했다.

부모들은 아이들의 지금 행동으로 미래까지 예견하는 경향이 있다. '앞으로 또 그러면 어쩌나?' 하는 걱정이 그것이다. 다시는 이런 일이 생기지 않도록 방법을 찾는 것은 중요하다. 그러나 미래의 일은 아직 일어나지 않았다. 아이의 일탈 행위만 나무라거나 일어나지 않은 일에 초점을 맞추다 보면 지금 이 순간에 필요한 적절한 훈육이 어렵다. 지금 아이를 위해 할 수 있는 일은 절도하는 원인을 차분히 살펴보는 것이다. 원인을 알아야 해결책도 찾을 수 있다. 아이가 절도하는 이유를 몇 가지로 살펴보자.

첫째, 과거의 나처럼 그 또래의 치기 어린 심리가 원인일 수 있다. 도덕적 분별력이 없어서라기보다 순간의 충동과 자극을 추구하는 도파민이 작용하는 것이다. 이럴 때는 따끔하게 타이르고 지켜본다. 단순한 동기는 단발성으로 지나갈 수 있다. "네가 도둑이야. 도둑? 어디서 못된 거를 배워서." 같은 말은 삼가고, 자신의 행위에 책임질 수 있게 다음과 같이 타이른다.

"이건 잘못된 행위야. 잘못한 거 너도 알지? 다음에 또 이런 일이 없도록 하고. 이번 일에 변상 금액은 네가 책임지기를 바라. 아무리 작은 물건이라도 다른 사람의 물건에 손을 대는 일은 명백한 절도이며 타인에게 피해를 주는 행동이야. 네가 이만한 분별력은 있을 거라 생각해." 이 정도로 타이르고 같은 일이 반복되지 않도록 아이를 관찰한다. 단, 의심의 눈초리여서는 안 되며, 이런 일이 있기 전의 덤덤함으로 아이를 대한다.

두 번째는 용돈 부족이 원인일 수 있다. 요즘 아이들은 부모가 자라던 세대와는 달리 돈의 씀씀이가 커졌다. 카페에 가서 음료도 마셔야 하고, 노래방도 가야 하고 화장품도 사야 하고, PC방에 가서 게임 하고 다이소도 가야 한다. 데이트 비용이나 밥을 사 먹어야 하는 경우도 가끔 있다. 초등학교 저학년 수준의 용돈을 아직도 주고 있는 것은 아닌지 살피고 상향 조정한다.

가정 경제와 아이에게 필요한 용돈 범위를 고려하여 "엄마 (아빠)가 네게 줄 수 있는 용돈의 액수는 ~~(금액) 정도야. 너는 얼마만 좋겠는지 말해 줄래?"라고 해서 절충한다. 터무니 없는 금액으로 올려 달라고 하는 것이 아니라면 부모가 조금 양보하자. 아이가 달라고 하기 전에 약속한 날짜에 주어 신뢰를 쌓는다. 부모의 신뢰는 아이의 자제력을 키우는 데 작용한다.

PC방을 가기 위해 부모의 지갑에 손을 댄 아이라면, "두 번 다시 이런 일은 용납 안 돼."라고 따끔하게 말하고, PC방에 가는 데 필요한 용돈을 살펴 용돈의 액수를 조정하는 것도 방법이다. "네가 생각할 때 PC방에 가는 데 필요한 용돈은 얼마면 되겠어?"라고 묻고 "아무리 재미있는 게임도 자제력이 중요하다는 거 알지?"라고 짧게 훈육한다. PC방을 못 가게 강압하거나 '지갑에 손댔다'에 초점을 맞추면 아이는 죄책감 가운데 불만이 쌓인다. 불만은 조절능력을 깨뜨리고 더욱 PC방에 집착하게 만든다. 부모는 심정적으로 힘들겠지만, 장기적이고 큰 시야로 보아 단죄보다는 현실적으로 조절능력을 갖출 수 있는 여건을 마련해 준다.

한편, 부모에게 쌓인 불만이 있거나 학업 또는 또래 관계의 스트레스로 절도를 하는 예도 있다. 드러난 문제는 절도지만, 마음에 깊이 잠재한 갈등 요인이 절도로 드러나는 경우다. 이럴 때는 대화가 아니라면 아이의 마음을 알 수 없다. 행위의 옳고 그

름을 가리면 아이는 더욱 마음의 문을 닫는다. 부모의 열린 마음
이 열린 질문을 할 수 있게 한다. 부모의 질문이 심문으로 느껴
지지 않도록 하며, 아이가 마음을 열 수 있도록 다음 대화를 참
고하자.

"엄마(아빠)는 네게 분별력이 있다고 생각해. 이런 일이 생긴 데
는 너한테 그럴 만한 이유가 있었을 것 같아. 가능하다면 너의 솔
직한 이야기를 듣고 싶은데, 말해 줄 수 있겠어?"

이런 말이 입 밖으로 자연스럽게 나오지 않는 부모라면 어
떻게 할까? 아이에 대한 불신이 생겨 부모의 마음이 열리지 않
을 수도 있고, 도덕적인 판단이 우선돼서 불만이 커졌기 때문에
도 그럴 수 있다. 이 또한 괜찮다. 부모 입장은 그럴 수 있다. 다
만 기억하자. 아이는 잘잘못에 대한 분별력이 없는 아이가 아니
다. 그러한 분별력이 없다면 차츰 시간을 들여 알려 줄 필요가
있다. 말로 전달하는 게 어렵다면 위와 같은 내용을 문자로 보내
소통하는 것도 방법이다. 아이의 대답이 없더라도 괜찮다. 아이
의 마음을 궁금해하는 부모의 마음을 아이에게 전하는 것이 중
요하다.

아이의 절도가 거듭된다면, 경찰에 고발되는 등 법적 절차
를 거치는 일도 생길 수 있다. 법적인 징계와 그 절차는 준법정
신을 갖는 기회가 되기도 하지만 자존감이 낮아지고 부정적 자

아 이미지를 가질 수 있으며, 진학과 진로에 악영향을 끼칠 수 있다. 부모로서 한계를 느낀다면 전문가의 도움을 받아 보자. 절도가 아니라도 드러났을 내면의 문제이므로 "지금 우리에겐 전문가의 도움이 필요한 것 같아. 너를 혼내려는 게 아니야. 도우려는 거야. 엄마(아빠)와 함께 상담을 받아 보자."라고 해서 부모의 관심과 개선의 의지를 전한다.

9

(학교폭력)

"때리지도 맞지도 말란 말이야!"

✗ 학교폭력 예방을 아이 몫으로 두지 마세요.

⇨ 아이는 대처능력과 자원이 부족해
혼란과 두려움을 느낍니다.

〇 아이가 더불어 사는 능력을 갖추도록
정서적 기반이 되어 주세요.

학교폭력 가해자 예방의 나침반

"학교폭력은 남의 이야기인 줄 알았어요."

"부모가 모범을 보여야 한다고 생각해서 열심히 살았는데….."

"절대 약한 사람 괴롭히지 말라고 가르쳤습니다."

이것은 학교폭력 가해 학생들의 부모가 한 말이다. 가해 학생의 부모라고 아이에게 나쁜 언행을 가르치고, 도덕적으로 방관하는 사람들이 아니다. 부모는 어릴 적부터 아이에게 친구들과 사이좋게 지내라고 당부하고 또 당부한다. 그리고 많은 부모가 모범이 되기 위해 애쓴다. 그러나 가르침과 모범만으로는 부족하다. 세상에 옳은 가르침과 모범이 되는 사람은 많지만, 실제 행동의 변화는 타인과의 진정한 감정적 접촉에서 이루어진다. 그렇기에 학교폭력을 예방하는 데 부모와 아이와의 정서적 연결과 소통은 대단히 중요하다.

그러나 사춘기 아이와 연결과 소통은 다음과 같은 이유로 쉽지 않다. 사춘기는 성호르몬의 영향으로 공격성이 증가하고, 전두엽의 미성숙으로 공감과 감정조절능력이 낮다. 아이들은 방문을 닫고, 말을 걸어도 외면하며, 스마트폰이나 게임, SNS에 몰두한다. 그런 활동에서 정서적 연결과 안정감을 얻는다면 좋겠지만, 그럴 리 없다. 대체로 금권 만능주의로 인한 상대적 박탈감을 느끼며, 일회적 쾌락 추구로 우울과 불안에 빠진다. 공부에 대한 끊임없는 압박까지 받을 경우 아이들의 스트레스는 가중된다. 특히 이 시기에 또래에게 따돌림을 당할지 모른다는 두려움은 사회적 죽음에 이르는 공포와 같다. 이러한 내외적 환경은 안정감을 위협해 공격 또는 도망 반응의 교감신경계가 활성화된다. 폭력의 가해와 피해의 가능성이 커지는 것이다.

학교폭력 예방은 위와 같이 아이들이 느끼는 위험 요인을 줄이고, 안전한 환경을 조성하며, 정서적 소통을 통해 공감과 책임 의식을 키우는 것이다. 이는 내 아이를 위해서는 물론이고, 모두가 안전한 세상에서 더불어 살아갈 수 있도록 토양을 만드는 것이다. 그러기 위해 부모는 아이가 타인의 감정을 이해하고, 자기 행동에 대한 책임을 인식하며, 사회적 규범을 존중할 수 있도록 지도해야 한다. 이 지침은 나침반과 같다. 나침반 하나로 목적지에 도달할 수는 없지만, 명확한 지침이 있으면 무엇을 해야 하고, 하지 말아야 할지를 분별할 수 있다.

더 나은 사람이 되고 싶은 바람

세계적인 전염병도 개인이 일상에서 할 수 있는 자그마한 노력으로 예방을 시작한다. 부모의 관심과 노력으로 학교폭력의 원인을 모두 근절할 수는 없지만 주요 예방책이 될 수 있다. 일상에서 사소한 듯 보이는 반복적인 꾸중과 비난, 도덕적 설교와 학업의 강요 등의 요구 수위를 줄이는 건 '공격 또는 도망'의 신경계를 자극하지 않는 구체적인 방법이다. 덧붙여 스트레스가 발산되도록 탐구와 도전의식이 고취되는 여행이나 운동 등을 제안할 수 있다. "자신이 원하지 않는 건 남에게도 행하지 마라."와 같은 황금률도 알려 준다. 아이가 자신의 존귀함을 알고 타인을 존중하며, 안전한 삶의 질서를 믿도록 아이에게 고마움을 표현하고 사과하는 용기를 키워 준다.

　부모가 자신의 기대 수준으로 아이 행동을 바라보면 고마운 점이 거의 없을지 모른다. 사람은 누구나 '있는 그대로' 존중받기를 바란다. 아이가 존재하지 않는 삶은 부모에게 의미가 없다. 미움이 앞서는 날이 있더라도 그건 진심이 아니다. 삶에 속더라도 다시 진심으로 아이의 존재에 대한 감사를 회복하자. 작고 나약하기만 했던 아이가 어른이 되어 가고, 세상살이에 적응하기 위해 좌충우돌하는 모습은 불완전하지만 그지없이 고마운 일이다. 고마운 에너지를 받은 아이는 더 나은 사람이 되고 싶은 바람을 갖는다. 그런 사람은 타인을 헤칠 의도를 갖지 않는다. 설령 실수가 있을지라도 자정능력을 가질 수 있다.

"엄마(아빠)가 널 힘들게 한 적도 많은데 잘 버텨 줘서 고마워."
"매일 해야 할 일들로 제대로 쉬지도 못했을 텐데 건강 잃지 않고 잘 지내 줘서 고마워."
"부모라고 다 잘하는 건 아닌데, 불평과 불만이 있을 때 싫다는 표현을 해 줘서 고마워."
"언제 이렇게 컸을까. 엄마(아빠)에게 소중한 아들(딸)로 와서 이만큼 잘 커 줘서 고마워."

　힘든 하루를 살아 내려 아침에 현관문을 열고 나가는 아이에게 "오늘 하루도 평안히!"라는 짧은 축복의 기도는 어떨까?

종교 여부를 떠나 부모의 기도만큼 아이에게 진실한 건 없을 것이다. 집에 돌아온 아이를 따뜻하게 마음으로 안아 주자. "힘들었지?"라고 묻고 책가방을 대신 받아 주는 것도 좋다. 활발한 상호작용을 기대해서 실망하기보다 "오늘 하루는 어땠어?" 하는 따뜻한 관심도 표현할 수 있다. 부모는 하루에 몇 번만이라도 아이가 자신의 존재를 소중하게 느끼도록 말과 행동에 주의를 기울이도록 한다.

우리는 잘못한 '부분'보다 큰 존재

다음은 사과하기다. 우리는 타인의 실수로 발만 밟혀도 사과를 기대한다. 하물며 인권을 침해한 학교폭력의 가해행위라면 마땅히 사과해야 한다. 사과는 학교폭력 발생 시 아이들이 잘못에서 배우고 성장할 수 있는 중요한 요소다. 진심 어린 사과를 할 용기가 있는가에 따라 감정싸움이 격화될지, 아니면 아이들에게 성장의 기회가 될지가 나뉜다. 피해자가 가장 바라는 것 역시 진심 어린 사과다. 누구나 실수하고 잘못할 수 있지만, 중요한 건 타인의 아픔에 대한 공감과 관계 회복이다. 그 열쇠가 사과다. 잘못에 대한 사과는 많은 용기가 필요한 과정이며, 이 용기를 냈을 때 피해자의 용서가 따른다.

사과하기란 결코 쉬운 일이 아니다. 일부 가해 학생의 부모가 법정 다툼까지 불사하는 것을 보면, 사과에 대한 두려움이 크다는 것을 알 수 있다. 이는 아이가 가해자로 낙인찍힐까 하는 걱정과 부모로서의 가치가 부정당할까 하는 두려움 때문이다. 하지만 우리는 잘못한 '부분'을 사과할 수 있어야 한다. 잘못한 '부분'보다 우리는 더 큰 존재이며, 사과하는 용기는 이를 일깨운다. 잘못을 사과하지 않으면 결국 아이에게 신뢰 없는 세상을 물려주는 셈이다. 자기의 잘못을 인정할 줄 모르는 사람이 어떻게 자신이라는 더 큰 존재의 힘을 깨닫고, 다른 사람을 신뢰할 수 있을까? 물론 우리 아이만 잘못한 게 아니라는 억울함도 있을 수 있다. 그러나 그것이 사과의 용기를 가로막아서는 안 된다.

부모의 사과는 아이에게 중요한 본보기가 된다. 하지만 많은 부모가 어릴 때 사과하는 법을 배우지 못해 아이에게 사과하는 것이 서툴다. 어떤 부모는 자신의 죄책감을 덜거나 원하는 것을 얻으려고 사과해서 진정성을 잃기도 한다. 중요한 것은 아이의 감정을 공감하고 아픔을 준 것에 대해 진심으로 사과하는 것이다. "그 부분은 엄마(아빠)가 이해가 부족했고, 네 마음이 어떤지 충분히 알지 못해서 그런 말을 하게 됐어. 미안해." 사람은 귀로 듣기도 하지만 진실한 마음을 듣는 직관도 있다. 아이가 감정적으로 사과를 받아들일 수 있는지 살피고 어떤 마음으로 사과할지 고민할 때, 진정한 사과가 이루어진다.

학교폭력의 첫 번째 가해자가 부모가 되지 않게

학교폭력예방법에 의지하거나 담임 선생님을 믿고 아이를 학교에 보내는 부모는 많지 않을 터이다. 지금도 학교폭력은 각 각의 아프고도 억울한 사연을 품고 예고 없이 일어나고 있다. 아이들은 또래로부터 언제 따돌림을 당할지 모를 불안과 불신 가운데 있다. 부모는 '우리 아이는 아니겠지. 우리 아이는 괜찮을 거야.'라거나 지나친 걱정으로 아이를 보기보다, 부모가 할 수 있는 일로 아이의 대처능력을 키우는 것이 중요하다.

부모가 가정에서 학교폭력의 피해를 예방하는 방법은 앞서 강조한 바 있는 '존중'이다. 평소 아이를 존중함으로써 아이가 존중받고 있음을 느낄 수 있게 한다. 부모는 아이에게 마땅히 주어야 할 것을 주고, 주지 말아야 할 걸 주지 않는 것 역시 중요하다. 아이에게 주지 말아야 할 것은 아이의 몸과 마음과 정신을 아프게 하는 힘과 권력의 일방적 행사다. 당신의 아이가 부모로부터 상처받는 것이 무엇인지 알고 있는가?

학교폭력은 힘의 불균형에서 비롯된다. 이때 피해자는 '이것은 부당한 폭력이구나!' 하는 알아차림으로 자신을 보호할 수 있어야 한다. 그러나 가정에서부터 부모의 신체적·심리적 폭력에 무뎌진 아이는 학교폭력을 알아차리지 못하거나, 과도하게 반응함으로써 분별력을 잃는다. 아무리 가정에서 인격적인 존중을 받은 아이라도 은밀한 가해행위에 피해를 당하는 경우가 적지 않다. 하물며 그렇지 못한 경우라면 피해는 더 커질 수밖에 없다.

특히 학교폭력 피해자의 심리 중 하나로 '내가 뭘 잘못해서 그런 것일까?' 하며 원인을 자신에게서 찾는 점을 생각할 때 다음과 같은 말을 삼간다.

"네가 똑바로 해봐. 다른 사람이 그렇게 하겠니?"
"네가 잘 못하니까 내가 이러는 거다."
"못난 짓을 한다."

다음은 학교폭력의 피해를 당했을 때 가장 먼저 부모에게 말하라고 알려 주는 것이 중요하다. 일반적으로 사람들은 혼자 감당하기 어려운 일을 겪으면 도와 줄 사람을 찾는다. 아이들은 힘들 때는 부모를 찾기 마련이다. 하지만 실제로 학교폭력 피해를 당한 학생들은 부모에게 알리는 것을 주저한다. 부모에게 짐이 되고 싶지 않아서, 비난을 듣는 것이 두려워서, 자신이 약해 보이는 것이 싫어서다. 이러한 점을 아이에게 솔직하게 이야기해 보자.

"학교폭력이 점점 교묘해지고 심각해진다고 해. 엄마(아빠)는 네가 학교폭력을 당하면 무슨 일이 있어도 너를 보호할 것이고, 언제나 네 편이 될 거야. 힘든 일이 있으면 부모에게 말하고 의논

하는 게 좋지만, 그럴 수 없을 때도 있을 거야. 그건 괜찮아. 하지만 학교폭력 피해만큼은 꼭 부모에게 먼저 알리기를 바란다. 네가 싫다고 했는데도 계속해서 몸과 마음에 상처를 주거나, SNS로 놀리는 아이가 있다면 꼭 알려 줘. 대부분의 학교폭력 피해는 부모에게 도움을 요청하지 않을 때 더 심각해진다는 점을 기억해 줬으면 해."

아이에게 정서적 기반 되어 주기

학교폭력 예방에 관심과 노력을 기울였음에도 불구하고 피해가 발생한다면 다음 네 가지를 주의한다. 첫째, 부모가 가장 먼저 할 일은 아이를 안전하게 보호할 의지로 아이의 마음을 안정시키는 것이다.

"너 혼자 많이 힘들었지? 엄마(아빠)가 그걸 몰라서 미안해. 이제 안심해. 넌 혼자가 아니야. 엄마(아빠)가 같이할게. 너를 안전하게 보호하고, 이런 일이 다시는 생기지 않도록 조치할게. 가해자가 다시는 네 옆에 얼씬하지 않도록 하고 사과와 보상도 요구할 거야. 무엇보다 아픈 네 마음이 나을 수 있도록 최선을 다할게."

둘째, 아이에게 해서는 안 되는 말이 있다. "왜 진작 부모에게 말하지 않았어?"라고 묻지 않는다. 이런 말은 자신이 혼자 고통을 견딜 수밖에 없는 상황에서 최선을 다한 노력이 의미 없다고 말하는 것과 같다. 사람은 누구나 자신이 위험에 빠지면 살아남는 반응을 한다. 아이는 자신이 살아남을 수 있는 최선을 다했을 것이다. 그런데 비난을 듣게 되면, 그러잖아도 수치심에 사로잡혀 있을 아이에게 더 깊은 좌절을 안길 수 있다.

셋째, 부모 자신의 생각과 감정을 돌본다. 우리 생각의 대부분은 자신에게 일어난 부정적 사건에 대해 끊임없이 곱씹는 데 몰두한다. 아이가 위험에 처했으니 부모의 생각은 더욱 많아질 것이다. 부모의 생각이 아이에게 안정감을 주고 용기를 줄 수 있는가에 기준을 두고 다음처럼 분별력을 갖는다.

부정성을 키우는 생각	안정감을 키우는 생각
우리 아이가 이상한 한 건 아닐까? 내가 아이를 잘못 키워서 그런 것 같다.	우리 아이는 자기 보호의 정당한 방법을 사용하는 것이고, 내면의 힘이 있다.
가해 학생을 혼내 주고 싶다.	결국 다른 아이도 우리 아이와 미래를 함께 살아갈 아이다. 함께 성장시키는 방법이 무엇일지 지혜를 찾아보자.
학교에 찾아가 따져야 하는 것 아닐까?	내가 따지고 싶은 마음이 드는 건 당연한 감정이다. 억울하고 화가 나지만 이미 일어난 일이니, 아이를 보호하고, 절차를 따르며 인내하자.
아이들은 싸우면서 크는 건데, 우리 아이가 너무 민감하게 구는 것 같다.	민감함은 공감 능력과도 관련 있어. 싸움과 폭력을 구별하는 기준은 '힘의 균형'이야. 불균형을 감지한 아이를 믿자.

『학교폭력, 그 이후 끝나지 않은 이야기』의 저자 노윤호는 학교폭력의 피해를 극복한 피해자들의 공통점을 말한다. 가족과 주변 친구, 지인의 전폭적인 지지와 믿음 외에 피해자에게 실질적인 도움을 준 것은 정신건강의학과 치료와 꾸준한 심리상담이었다. 피해의 경중과 부모의 반응에 따라 다르겠지만, 피해의 사안이 심각할 경우 학교폭력 피해자는 장기적인 후유증과 정신적·신체적 변화까지 겪을 수 있다. 정서적으로 힘든 아이가 있다면 다음과 같이 부드럽지만 간곡한 부모의 의지를 전하자.

"우리 몸도 다치면 병원에서 의사의 도움을 받는 것처럼 마음도 그래. 너는 마음이 다친 상태야. 의사와 상담을 받아 낫게 할 수 있어. 지금 당장은 아니라도 괜찮아. 언제든 네가 필요하다고 느끼고, 정말 힘들다고 느낄 때 전문가 선생님들의 도움을 받을 수 있어. 그 과정도 네가 힘들지 않게 엄마(아빠)가 같이할게."

아이들은 치유와 회복에 효과적인 병원과 상담의 방법이 있음을 거의 모른다. 왜 아니겠는가. 어른도 정보가 부족하고 필요성을 모르는 경우가 많다. 부모가 적극적인 검색과 지인들의 도움을 받아 아이에게 필요한 정보를 얼마든지 공유할 수 있다. 어떤 치유의 여정이 시작될지는 알 수 없더라도 부모의 진정 어린 노력은 아이에게 힘이 된다.

10

(PC게임)

"게임 꺼!
부모가 옳은 말 하면 들어!"

✕ 옳은 말만 하지 마세요.

⇨ 욕구불만이 쌓여 게임에 더욱 몰두합니다.

○ 아이의 자제력을 위해
부모의 자제력을 키워 주세요.

게임에 빠져드는 아이들

아이가 게임을 하기는 하더라도 공부에 노력을 기울인다면 부모는 걱정이 덜할 것이다. 하지만 많은 아이가 자제력을 잃고 게임에 빠져 공부를 소홀히 한다. 부모는 게임이 공부에 방해되지 않도록 방법을 찾아 검색하고 다른 부모의 조언을 구한다. 그러나 갈등의 끝은 쉬이 보이지 않는다. 위치추적앱을 깔아 PC방에 있는 아이를 끌고 오거나 게임하는지 감시하느라 아이 주변을 맴돌고, 밤중에 몰래 게임을 하는 건 아닌지 잠까지 설친다. 게임이 하고 싶어 안달인 아이도, 이를 제지해야 하는 부모도 고통스럽다.

사실, 아이들이 게임을 자제하기 어려운 건 단순히 아이의 의지나 부모의 통제 문제가 아니다. 게임 산업은 이윤을 극대화하기 위해 수백억 원을 투자해 강력한 중독성을 유발하며, 도전과 보상을 절묘하게 설계하여 사용자들이 쉽게 빠져들게 한다. 시간 가는 줄 모르는 재미와 호기심, 사회적 연결과 문제해결능력, 창의성 발휘와 경제적 이익까지 창출하도록 설계된 것이 게임이다. 아이들은 마치 거대한 자석에 달라붙는 쇳가루처럼 게임에 빠져들 수밖에 없는 심리적, 물리적, 사회적 환경에 있는 것이다.

아이들이 거부할 수 없는 게임 환경에 있다면, 부모는 지나친 교육열을 요구하는 외적 사회 환경에 처해 있다. 세상은 끊임없이 부모에게 '아이를 더 공부시켜 성공시켜라.'라는 지난한 과제를 안긴다. 부모는 아이가 공부에서 성과를 내기 바라고, 아이는 그런 부모의 요구에 스트레스를 받아 더욱더 게임에 집착한다. 불안이 가중된 부모의 스트레스는 다시 거친 말과 행동으로 아이에게 향한다. 이런 악순환도 없다. 부모가 어떻게 해야 아이가 게임도 하면서 자신이 해야 할 일에도 마음을 낼 수 있을까?

'그만하는' 힘

한마디로 아이에게 필요한 것은 자제력이다. 물론 게임 자체가 중독성을 유발하도록 설계되어 있어 자제력을 발휘하기 어려운 건 사실이다. 하지만, 역으로 자제력을 발휘하기 어려운 순간을 이겨낼 때 자제력은 강화된다. 마치 역풍 속에서 노를 저어 근육의 힘을 점점 강하게 만드는 것처럼, 자제력은 어려운 상황에서 키워진다. 자제력은 공부를 위한 그 이상으로, 유혹 많은 세상에서 삶의 균형과 조화를 이루는 데 필수적이다. 그리고 아이의 자제력은 부모의 영향을 가장 많이 받는다. 당신의 자제력은 어떤가?

부모의 자제력은 뇌의 총사령탑 기능을 하는 전두엽에서 나온다. 자제력은 장기적인 비전으로 감정을 조절하고, 상황에 흔들리지 않으며, 아이의 행동에 일희일비하지 않는다. 가령, 몇 시간째 게임하는 아이를 볼 때 자제력이 강한 부모는 침착하게 상황을 조망하며 "지금 나는 게임 중독의 불안과 아이가 학업을 소홀히 할까 봐 두려움을 느끼는구나." 하고 자신의 내적 상태와 감정을 인식한다.

다음으로, 문제 해결의 목적을 아이의 자제력을 키우는 데 두고, 감정적 대응을 지양하고 될 수 있으면 차분하게 대화하려고 한다. 아이에게 "오늘 게임은 어땠어?"라고 열린 질문을 하고 아이의 욕구와 감정에 호기심을 갖는다. 아이는 존중받고 이해받을 때 부모의 말을 들을 마음이 생기고, 게임 시간에 대한 규칙을 합의할 수 있다. "그래. 네가 게임을 좋아하는 건 이해해. 네게 게임이 중요한 것도 알겠고. 그런데 4시간 이상 할 때는 걱정돼. 평일에는 2시간 이하로 하고 주말에 하는 게 어때?" 약속을 지키지 못해도 과도하게 걱정하지 않는다. 그 지점이 바로 아이의 자제력을 키울 기회이므로 "다음에 잘 지키려면 어떻게 하면 될까?"라고 묻고 독려한다.

부모의 자제력을 역할 모델로 삼은 아이는 어떨까? 게임하는 아이들의 마음은 거의 같다. 흠뻑 쏟아지는 물줄기처럼 도파민 샤워를 기대하며 게임에 총력을 기울인다. 그렇더라도 게임을 하지 않는 시간에는 부모와 대화로 연결된다. 부모의 경청과 공감을 받은 아이의 뇌는 전두엽이 가동된다. 이때 부모의 염려와 자기 행동이 일상생활에 끼치는 영향을 안다. 공부보다 게임이 재미있다는 걸 잘 알지만, 자신의 미래와 공부의 중요성도 자각하며 게임을 자제할 의지를 갖는다.

반면, 자제력이 약한 부모는 자신이 정작 무엇을 원하고, 어떤 감정인지 잘 모른다. 자기의 내면을 모르는 것은 무엇을 자제해야 할지 모르는 것과 같다. 그러다 보니 즉각적인 변화를 요구하며 감정적으로 간섭하고 지시한다. 그러한 결과로 관계가 나빠지고, 상호 신뢰는 떨어지고, 갈등이 커지며, 결국 아이는 자제력을 키우지 못한다. 아이는 공부의 부담과 암울한 미래, 부모에게 받는 스트레스를 피해 게임 속으로 들어간다. 게임 속 아바타로부터 받는 위로가 크고, 능력을 인정받으며 오히려 가상 속 현실에서 사는 것이 더 낫게 느껴진다.

그러니 아이에게 "게임 좀 그만하고 꺼!"라고 하기보다, 먼저 부모가 자신의 자제력을 돌아볼 필요가 있다. 이때 부모는 자제력의 목적을 아이가 '게임 대신 공부하게 하는 것'이 아닌, 자신의 삶을 사는 데 필요한 덕목으로 생각해야 한다. 우리 주변을 둘러보면 자제력이 부족해 힘들게 사는 사람들이 많다. 음식을 그만 먹어야 하는데, 술을 그만 마셔야 하는데, 담배를 그만 피워야 하는데, 영상을 그만 봐야 하는데 자제하지 못해 고전하는 예를 생각하면 실감이 될 것이다.

자제력은 실패와 도전의 반복으로 길러진다

그렇다고 자제력이 낮아지는 순간, 자신을 비난하지는 말기 바란다. 분명히 우리 삶에는 자제력을 발휘하기 어려운 스트레스가 발생할 때가 있다. 하버드대학교 아동발달센터는 스트레스가 아동기 뇌의 발달에 어떤 영향을 미치는지 연구한 결과, 과도한 스트레스는 아이들의 학습 능력과 감정 조절에 부정적인 영향을 줄 수 있다고 설명한다. 스트레스 반응은 세 가지로 긍정적 스트레스 반응, 힘들지만 견딜 만한 스트레스 반응, 유독성 스트레스 반응이 있다. 이러한 반응을 부모와 사춘기 아이에게 적용해서 스트레스 반응에 따른 자제력을 말하고자 한다.

먼저 부모에게 긍정적 스트레스 반응은 새로운 직장 적응이나 중요한 프로젝트와 같이 일시적인 긴장감으로, 자아 성장과 문제 해결 능력을 기르는 기회가 된다. 힘들지만 견딜 만한 스트레스 반응은 일시적인 재정 문제나 자녀의 학교 갈등과 같은 상황에서 나타나며, 적절한 지원과 문제 해결을 통해 극복할 수 있다. 그러나 유독성 스트레스 반응은 지속적인 가정 내 폭력이나 만성적인 경제적 어려움처럼 심각한 문제에서 발생하며, 부모의 건강과 가족의 복지에 장기적인 부정적인 영향을 미칠 수 있어 전문적인 도움과 개입이 필요하다.

부모의 예와 마찬가지로 사춘기 아이도 스트레스 반응이 나타난다. 긍정적 스트레스 반응은 새로운 학교 활동이나 과제에서 성공적인 경험을 통해 자신감을 얻고 사회적 기술을 개발할 수 있다. 힘들지만 견딜 만한 스트레스 반응은 시험이나 또래 갈등처럼 일상적인 문제에서 나타나며, 본인의 의지와 부모의 지원으로 극복할 수 있다. 유독성 스트레스 반응은 가정 폭력, 부모의 이혼, 극심한 학업 압박 등 심각한 문제에서 발생하며, 아이의 몸과 마음에 장기적인 부정적 영향을 미칠 수 있어 상담이나 치료가 필요하다.

요약하면, 부모는 아이가 스트레스를 성장의 동력으로 삼도록 지원자가 될 수도, 유독한 스트레스의 원인이 될 수도 있다.

만약 부모가 유독한 스트레스 상황에 있다면 적극적으로 주변의 도움을 청한다. 부모가 받는 유독한 스트레스는 자신의 탓이 아니지만, 자제력을 잃고 아이에게 스트레스를 주는 일은 부모 탓이 될 수 있다. 거센 풍랑을 만나면 노를 놓칠 때가 있는 것처럼, 아이는 부모에게 큰 스트레스를 받으면 자제력을 잃는다. 특히 사춘기는 뇌의 민감한 성장기에 있으므로 더욱 주의해야 한다. 당신은 지금 어떤 스트레스 반응을 하고 있는가?

자제력은 반복되는 실패와 반복하는 도전으로 길러진다. 당신은 앞으로도 게임하는 아이를 쉼 없이 목격하게 될 것이고, 그때마다 끊임없이 올라오는 불안과 싸울 것이다. 그리고 실패도 할 것이다. 그런 자신에게 너그럽기를 바란다. 인터넷 강국이라는 그늘 아래 청소년의 게임 중독을 유혹하고, 아이의 명문대 입시 성과로 부모의 능력을 평가하는 현실에서 당신은 할 수 있는 만큼의 최선을 다하고 있다. 자제력을 잃는 순간이 있다고 해도 그땐, 그럴 만했을 것이다. 중요한 건 당신이 다시 시작하는 마음을 포기하지 않는다는 것이다.

사춘기, 지금은 사랑할 때다.
사랑할 때라는 것을 부모는 어떻게 알 수 있을까.
불안하고, 걱정되고, 두렵고, 고단하고, 지칠 때.
바로 이런 순간들이 사랑할 때다.

사춘기 대화의 정석

초판 1쇄 발행 2024년 11월 28일

지은이 최인자
펴낸이 서재필

펴낸곳 마인드빌딩
출판신고 2018년 1월 11일 제395-2018-000009호
이메일 mindbuilders@naver.com

ISBN 979-11-92886-63-3 (03370)

- 책값은 뒤표지에 있습니다.
- 잘못된 책은 구입하신 곳에서 바꿔드립니다.

마인드빌딩에서는 여러분의 투고 원고를 기다리고 있습니다.
출판하고 싶은 원고가 있는 분은 mindbuilders@naver.com으로
기획 의도와 간단한 개요를 연락처와 함께 보내주시기 바랍니다.